Felicitas D. Goodman

Meine letzten 40 Tage

W

Felicitas D. Goodman

Meine letzten 40 Tage

Eine indianische Vision
über das Sterben und den Tod

Walter Verlag
Zürich und Düsseldorf

Die Deutsche Bibliothek – CIP-Einheitsaufnahme

Goodman, Felicitas D.:
Meine letzten 40 Tage: eine indianische Vision über das Sterben und den Tod / Felicitas D. Goodman. – Zürich ; Düsseldorf: Walter, 1996
ISBN 3-530-50005-4

Alle Rechte vorbehalten
© 1996 Walter Verlag, Zürich und Düsseldorf
Satz: Fotosatz Moers, Mönchengladbach
Druck und Verarbeitung: Clausen & Bosse, Leck
Printed in Germany
ISBN 3-530-50005-4

Inhalt

Die «andere Wirklichkeit»
oder Das verschlossene Paradies
Vorbemerkungen
7

Meine letzten 40 Tage
23

Nachwort
127

Glossar
131

Literaturhinweise
133

*Die «andere Wirklichkeit»
oder Das verschlossene Paradies*

Vorbemerkungen

Die Sprachen der Träume sind voller Bilder und Gefühle und sträuben sich deshalb gegen eine Übertragung in rationale Systeme der Auslegung und des Denkens. Die Kunst des Schamanen ist nicht die Übertragung der Träume in verbale Interpretation; statt dessen besteht sie aus dem Gebrauch der Träume, durch den deren Ereignisse verwandelt und geleitet werden im Einklang mit dem Erlebnis des Traumes oder der Vision. LEE IRWIN

Am 3. Februar 1578 saßen in einem verschneiten Tal des alpinen Hinterlandes zwei Roßhirten von Oberstdorf, Chonrad Stoeckhlin und sein Freund Jacob Walch, in der Gaststube beisammen und zechten. Sie unterhielten sich über dieses und jenes und kamen schließlich dazu, von wichtigen, von «letzten Dingen» zu sprechen, vom Sterben und wie es wohl mit dem Jenseits beschaffen sei. Keiner schien so Rechtes darüber zu wissen. Und so kamen die beiden Männer darauf, sich mit Handschlag feierlich zu versprechen, daß der, der als erster sterben würde, zurückkommen und dem anderen darüber Bescheid geben solle, wie es «drüben» sei. Völlig unerwartet starb Jacob Walch bereits acht Tage später – und hielt Wort: Er kehrte zurück und unterwies seinen Freund, wie er still auf der Seite liegen und auf seine Stimme horchen solle. Die Geisthelfer, die er mit sich brachte, geleiteten Chonrad in eine andere Wirklichkeit, unendlich älter als das Christentum, in eine Welt voller Guter Frauen, Feen und Heiler und einer Unzahl von Totengeistern. Als Chonrad Stoeckhlin dann aber der Umwelt von seinen herrlichen Abenteuern zu erzählen begann und von seinen neuen Geistfreunden wahrzusagen und zu heilen lernte, wurde die Inquisition auf ihn aufmerksam. Schließlich endete Stoeckhlin mitsamt vielen anderen auf dem Scheiterhaufen (Behringer, 1994).

Die Literatur über jene «finsteren» europäischen Jahrhunderte enthält eine Unmenge von Material darüber, aus welchen Beweggründen das entsetzliche Morden, das wir als die Schrecken der «Heiligen Inquisition» kennen, über die westliche Welt hereingebrochen ist. Es wird von der Angst vor Irrtümern im christlich beanspruchten Dogma und der damit verbundenen «ewigen Verdammnis» gesprochen. Es mag auch der Machthunger der *ecclesia triumphans*, der vom Sendungsauftrag besessenen welterobernden Kirche gewesen sein, die immer wieder verkündete, daß sie und nur sie allein im Besitz des Wissens um die «letzten Dinge» sei, über die Landkarte gewissermaßen jenes Reiches jenseits der Grenzen verfüge. Niemand anders, so wurde verfügt, habe das Recht, irgend etwas anderes darüber zu sagen. Alles, was sich in jenen einst paradiesischen Gefilden befand – die Geister, die sprechende Schlange und der magische Baum –, war nun befleckt. Es war alles Evas Schuld, ihre Sünde, sie hätte das Geheimnis der Äpfel entdeckt, des Ackerbaus, und das war gegen die göttliche Verfügung. So wurden sie und ihr Gefährte Adam aus dem Paradies ausgewiesen, unwiderruflich. Zurück in den Garten Eden konnten sie nicht, nicht einmal nach dem Tode. Hatten sie es immer noch nicht verstanden? Das Paradies gab es für die Menschen nicht mehr. Das Tor wurde zugeschlagen und mit einem doppelten Fluch versiegelt. Im Schweiße seines Angesichts würde von nun an der Mensch sein tägliches Brot erwerben, und die Wirklichkeit war auf immer gespalten in eine gute und eine böse Hälfte.

Etwas allerdings stimmt nicht bei der Geschichte; das war den Verfassern der alten biblischen Schriften, die das alles aufgeschrieben hatten, in ihrem Eifer entgangen: Zwar konnten Adam und Eva nicht wieder ins Paradies zurück, aber das bedeutete nicht, daß diese andere ursprüngliche «heile Welt» grundsätzlich verschwunden war. Im Gegenteil, sie schwebte auf immer in einer ewigen Nichtzeit als ein Teil der Gesamtwirklichkeit. Und wer noch ein Bruchstück des alten geheimen Wissens besaß, konnte trotz des furchterregenden Siegels ins Paradies hineinschlüpfen, wie es z. B. jene Hexen taten, die die Inquisition mit hell lodernder Begeisterung verbrannte; oder jemand gelangte aus Versehen hinein wie der erwähnte bedauernswerte Chonrad Stoeckhlin. Außerdem gab es auch noch jene ungezählten kleinen Stämme, die nicht in den gleichen Spuren wandelten wie Adam und Eva und denen es nie eingefallen ist, der Erde im Ackerbau abzutrotzen, was sie nicht freiwillig hergab. Seit Anbeginn hatten sie im Rahmen bestimmter religiöser Rituale und Kulte freien Zugang zum Paradies, das indianische Mythen auch heute noch als die «andere Wirklichkeit» bezeichnen. Anthropologen nennen diese Stämme die *Sammlerinnen, Jäger* und *Gartenbauer*.

Die Sammlerinnen und Jäger stellen die älteste menschliche Kulturform dar. Nahtlos entsprangen sie unseren weisen tierischen Ahnen. «Dies geschah zu einer Zeit, als Mensch und Tier noch eins waren», so beginnen viele indianische Mythen. Die Gartenbauer mit ihren winzigen Pflanzungen sind ihre späten Nachkommen, sowohl Jäger wie auch Gärtner. Weder die einen noch die anderen scherten sich um jenes erschreckende, fest verrammelte Tor zum Paradies mit seinen furchterregenden Wächtern, den Engeln und dem sich magisch drehenden Flammenden Schwert. Denn sie besaßen einen sicheren Zugang über zwei leicht zu öffnende «Seitentüren»: Für die Jäger war der Schlüssel zu ihrer Tür das *Träumen* oder die «vision quest», die Suche nach einer Vision, wie es die Indianerstämme der Prärie Nordamerikas nennen. Andere verwandte Stämme wie auch die Gärtner schlüpfen durch die andere Tür mit Hilfe eines besonderen «Diebeshakens», der *rituellen Körperhaltung* zum Erleben von visionären Trancezuständen (Goodman, 1989, 1992).

Die *vision-quest*-Erlebnisse der Indianer sind uns deshalb bekannt, weil amerikanische Anthropologen sie jahrzehntelang in mühsamer Arbeit zu einer Zeit, als die indianische Spiritualität von den weißen Eroberern schwer bedrängt wurde, aufgeschrieben haben (Irwin, 1994). Hingegen ist aus nicht-weißen Quellen praktisch nichts über den Kulturkomplex der rituellen Körperhaltungen bekannt, obgleich er in Ausgrabungsstätten von Jäger- und Gartenbauersiedlungen in der Kunst äußerst reich vertreten ist. Möglicherweise haben die Anthropologen bei ihrer Feldforschung nicht nach den ihnen unbekannten rituellen Körperhaltungen gefragt, oder sie haben sie überhaupt nicht als solche erkannt. Das spezifische visionäre Erlebnis, das in solchen alten Kunstwerken festgehalten ist, ist von solcher Kraft im Ausdruck, daß es bei der Hinzufügung einer rhythmischen Anregung, etwa durch eine Rassel oder eine Trommel, ohne weiteres zu neuem Leben erwacht. Das wußte man schon vor tausend Jahren, wie die hier abgebildete Felszeichnung nachweist, und sie teilt sich auch unmittelbar in erstaunlicher Weise dem modernen forschenden Städter mit (Goodman, 1989).

Undatierte Felsenzeichnung (Smithsonian Institution)

Religiöse Rituale gehören zu dem Kostbarsten, was eine Kultur besitzt. Das in allen Kulturen grundlegend Charakteristische von religiösen Ritualen ist eine geschlossene Folge von Handlungen, deren explizite Aufgabe es ist, die Verbindung zu einer «anderen Wirklichkeit» herzustellen und auf diese Weise die Ausübenden zu einem religiösen Erlebnis zu führen. Jede rituelle Körperhaltung stellt ein vollständiges Ritual in obigem Sinne dar. Darüber, wie sie «erfunden» oder entwickelt worden sind, scheint es in der Mythologie keine Angaben zu geben. Uns Modernen liegt es nahe, die Hypothese aufzustellen, daß man irgendwann einmal durch Experimentieren von *trial and error* auf sie gekommen sei: Man probierte alle möglichen Varianten durch, bis sich das gewünschte Ergebnis einstellte. Das aber ist eine uns eigene Betrachtungsweise, Neues zu entdecken, sie ist Teil unserer Weltanschauung, unserer *städtischen Kultur*. Versuchen wir aber, nicht auf rationalistische Weise, sondern gewissermaßen *von innen her* die Herkunft der rituellen Körperhaltungen zu verstehen, dann gibt es sehr wohl einen Fingerzeig, nicht in bezug auf einzelne Haltungen, wohl aber auf die Art und Weise des Entdeckens an sich. So wurde ein Träumer, wie die Navajo in Verbindung mit dem *Heilritual des Nightway* erzählen, von den *ye'i*, den Gottheiten, in die andere Wirklichkeit entführt und erhielt dort das ganze Ritual als Geschenk. Es ist ein sich in den Mythen der ganzen Welt wiederholendes Motiv. Die Haltungen sind also «Geschenke» oder – mit einem gängigeren Ausdruck – *Offenbarungen.*

Im folgenden möchte ich eine kurze Kosmologie nachzeichnen, ein Art Beschreibung der «anderen Wirklichkeit», wie sie sich darstellt bei einem Vergleich zwischen den rund 350 von Irwin zusammengestellten *vision-quest*-Erlebnissen der Präriestämme und den mehr als 1000 Visionserlebnissen, die sich bei unserer Arbeit mit fast 50 verschiedenen rituellen Körperhaltungen der Jäger und Gartenbauer im Laufe der Zeit ergeben hat. Was bei diesem Vergleich klar wird, ist die Tatsache, daß die «andere Wirklichkeit», zu der

«Der Mann von Cuautla». Die etwa eintausend Jahre alte Tonstatue, genannt nach dem Fundort der Figur im nördlichen Mexico, stellt eine typische rituelle Körperhaltung für eine bestimmte mythische Trancereise dar: Der Mann sitzt flach auf dem Boden, er trägt eine Federkrone, sein Kopf ist leicht nach hinten geneigt, er hält die Zunge zwischen den Lippen. Die Beine sind ausgestreckt, und die Knie sind leicht gekrümmt. Der linke Arm ist etwas stärker gestreckt als der rechte, und der gleiche Unterschied drückt sich auch in der Haltung der Hände aus, indem die linke Hand eher etwas seitlich auf dem Knie liegt, während die rechte gespannt auf dem rechten Knie ruht.

man vermittels dieser beiden Strategien Zugang bekommt, in allen Einzelheiten die gleiche «heilige Dimension», der Aufenthaltsort der Geistwesen ist. Der einzige Unterschied besteht darin, daß der *vision quest* sozio-kulturellen Zielen dient, was sicher einst auch die Zielsetzung der Bräuche der rituellen Körperhaltungen war, was aber bei von individualistischen modernen Städtern ausgeführten Versuchen als Zielsetzung offensichtlich verkümmert ist.

Nun fragt man sich natürlich, wieso sich zwei so verschiedene Strategien zu der Erreichung des gleichen Ziels entwickelt haben. Irwin meint, «der Visionskomplex (sei) für die Präriestämme eine rituell bestimmte Nachvollziehung der beim *vision quest* spontan auftretenden visionären Erlebnisse.» (1994: 79) Möglicherweise entsprang der Komplex der rituellen Körperhaltungen ähnlichen Wurzeln; er wurde dem schamanistischen Spezialisten vielleicht in der anderen Wirklichkeit als Geschenk überreicht, weil er sich auf der Suche nach einer verläßlichen, zielgerichteten Möglichkeit befand, um dort einzutreten, und die sich leicht institutionalisieren ließ.

Zusammenfassend läßt sich feststellen, daß die «andere Wirklichkeit», die bei der *vision quest* erlebt wird, und diejenige, in die man über die *rituelle Körperhaltung* gelangt, in folgenden Aspekten übereinstimmt: Die «andere Wirklichkeit» kann nur dann betreten werden, wenn der Körper entweder spontan infolge körperlicher Entbehrungen oder über eine rhythmische Anregung gewisse neurophysiologische Änderungen erfährt. Indianische Visionäre erwähnen oft solche Phänomene, sei es in der Form von stark beschleunigtem Herzschlag, schwerem Zittern oder extremem Schweißausbruch. Auch wir kennen diese Erscheinungen, und bei unseren Laboruntersuchungen haben wir außerdem bezeichnende endokrine Vorgänge sowie im Hirn das Auftreten von Thetawellen im EEG festgestellt (vgl. Goodman, 1992: 22 ff.).

Die rituell erlebte «andere Wirklichkeit» stellt sich als mächtiger dar als die gewöhnliche Alltagswirklichkeit und ist durchdrungen von einer gestaltlosen, unsichtbaren Kraft, einem «Wind», der alles, was er berührt, befruchtet. Bei Eintritt in jene Wirklichkeit erleben beide Gruppen eine Auflösung der körperlichen Beschränkungen der Schwerkraft und des Stofflichen sowie der Zeit. Dadurch wird die Bewegung multidimensional: Man kann in die Unterwelt reisen oder das Reich der Toten betreten, die Mittlere und Obere Welt durchstreifen, ferne Orte wie auch die Vergangenheit und die Zukunft erreichen. Diese Welt ist jedoch keinesfalls ein Gebilde der Imagination oder eine Zukunftsphantasie. Es erscheinen vertraute Berge am Horizont, der bekannte Fluß im nächsten Tal, die Zedern und Schluchten des amerikanischen Südwestens. Die Gebäude, in die man eintritt, sind aus der gewöhnlichen Wirklichkeit bekannt. Die Teilnehmerin an einem solchen Trancereise-Kurs berichtete vor kurzem von einem dramatischen Besuch des Bärengeistes: «Er war riesig groß», sagte sie, «und krachte durch die Decke unserer Kiva. Dann aber sagte er beruhigend: ‹Sag Felicitas, sie soll sich keine Sorgen machen. Ihr Dach ist noch heil.›»

Das heitere Vorkommnis erhellt zusätzlich auch

noch mehrere andere Übereinstimmungen zwischen der Natur der «anderen Wirklichkeit», wie sie vermittels der beiden verschiedenen Zugänge erlebt wird. Die Geister erscheinen bei beiden nicht in ihrer unverkleideten strahlenden Energieform. Das kann man als Mensch nicht ertragen. Wie eine griechische Sage erzählt, verbrannte Semele, die Geliebte des Zeus, als er ihr auf ihren Wunsch hin in seiner wahren Form erschien. Sie legen sich statt dessen weibliche oder männliche Tiermasken an. Die Wahl ist wohl deshalb getroffen worden, weil Tiere z. B. nach der Auffassung der Toono O'odham, Puebloindianer aus Arizona, freundlicher, weiser und mächtiger sind als Menschen (Underhill, 1976). Die Tiergeister, in diesem Fall «Großvater Bär», sind hilfreich, wohlwollend, niemals zerstörerisch. Das heißt, in dieser Wirklichkeit ist die Teilung in Gut und Böse unbekannt, und folglich gibt es auch keine absolut *bösen* Geister. Die Geister sind auch nicht hierarchisch geordnet; ihre Welt ist durchweg egalitär. Das erste Geistwesen, das sich mir genähert hat, war die *Grille* – nicht jene bekannte verzuckerte Gestalt der Disneyfilme, sondern eine weise, schwesterliche kleine Führerin durch eine Welt, die für mich damals eine geheimnisvolle Wildnis ohne Weg und Steg war. Und der mächtige *Büffelgeist*, zu dem sie mich schließlich führte, war keineswegs ihr übergeordnet, sondern eben nur ein anderes Geistwesen. Selbst die Menschen, die Männer sowohl wie die Frauen, obgleich sie so viel weniger Macht besitzen als die Geistwesen, sind ihnen gleichgestellt, ein Teil dieses egalitären, «gerechten», auf Fairneß ausgerichteten Systems. In der Vision verkehren sie mit den Tiergeistern auf du und du und können sogar ihre Gestalt annehmen. «Bei den Muschel- und Kieselverbänden der Omaha», so Irwin, «können sich die Mitglieder, wie sie behaupten, zufolge gewisser visionärer Erlebnisse in Vögel, Tiere, Steine oder Blätter verwandeln. [...] Ähnliche Fähigkeiten werden auch von den Lakota und anderen Präriestämmen berichtet.» (1974:74) Ähnlich haben auch wir in unserer Forschung mindestens sechs verschiedene rituelle Körperhaltungen entdeckt, die diese Art der Verwandlung ermöglichen. Übrigens sind diese Erlebnisse selten ausschließlich «visionär», d.h. *gesehen*, es sind vielmehr *alle Sinne* daran beteiligt. Jede Gestalt wird von der ihr eigenen Sinneswahrnehmung begleitet, von einem bezeichnenden Körpergefühl, ihren Lauten und besonders von ihrem Geruch. Das wird nicht nur in Irwins Quellen geschildert, sondern auch wir haben zahlreiche lebhafte Erinnerungen an den «wilden» Geruch des Bären und an eine klare Andeutung des scharfen Gestanks des Büffels.

Der *Bär* und der *Büffel* sind die am meisten auftretenden Tiergeister bei den indianischen Erlebnissen von Trancereisen und Visionen. Der Bär ist der mächtigste aller Heiler, während der Büffel sozial denkt und Zusammenarbeit wie Verantwortung lehrt. Die Prärieindianer erzählen auch, daß der Büffel sie im Jagen unterrichtet habe. Er setzt sich besonders für die Frauen ein, ist oft ihr Schützer und Helfer. Es war der Büffel, der schon vor Jahrzehnten zu meinem gütigen und geduldigen Lehrmeister wurde.

Das erwähnte Erlebnis mit dem Großvater Bär weist auch auf eine weitere wichtige Seite der «anderen Wirk-

*Schamane mit dem Bärengeist.
Indianische Holzschnitzerei, Nordwest-Amerika.*

lichkeit» hin, wie sie bei beiden Zugängen zuteil wird. Der Bär war durch das Dach *dieser* Kiva auf *diesem* Land durchgekracht, ohne es zu beschädigen. In jenem Dach berührten sich die beiden Dimensionen der Wirklichkeit, sie «umhüllen» sich, wie Irwin das nennt, und damit bestätigen sie sich gegenseitig. Und doch ist Großvater Bär in keiner Weise an diese Kiva oder auch an dieses Land gebunden. Er kann in unbegrenzter Folge zu jeder Zeit an jedem Ort allein oder in Vielzahl erscheinen.

Schließlich bescheren uns die von Irwin berichteten Texte noch eine ganz erstaunliche Übereinstimmung mit einer unserer Beobachtungen. Es geschieht gelegentlich bei unseren Trancesitzungen (Goodman 1989, Kap. 3), daß das berichtete Erlebnis in keiner Weise in den von der rituellen Körperhaltung vorgegebenen Rahmen paßt. Statt dessen erscheinen unerwarteterweise Einzelheiten irgendeines mächtigen, sich an der Grenze zwischen den Dimensionen abspielenden Geschehens wie etwa der Prozeß gegen die Jungfrau von Orleans oder einer Mythe, die ich dann erst Jahre später kennenlernte, wie etwa im Fall der Geschichte des Jägers genannt Kats. «Flüchtig und dennoch ewig schwebt (das Erlebnis) in dem Zauberraum wie ein regenbogenfarbiges Spinnengewebe.» (S. 275) Es gibt Zaubermärchen, heißt es später in dem Text, «die sind gegenwärtig in dem Sinn, daß sie in dem Augenblick, wo sie geschahen, nicht untergegangen sind, sondern in der Schwebe gehalten werden in einer Dimension, in der es weder Vergangenheit noch Zukunft gibt, in der Allgegenwärtigkeit, der wahren Schatzkammer der Menschheit.» (S. 276) Ist der Blickwinkel der richtige und erscheint gleichzeitig «ein Spalt am Horizont zwischen der Erde und dem Himmelsgewölbe», dann werden sie dem Visionären sichtbar.

Irwin berichtet nun, daß «das gewöhnliche visionäre Erlebnis eines bekannten heiligen Mannes zu dem Glauben beigetragen hat, daß die Visionen ihre eigene unabhängige Präexistenz besitzen. Diesen Traditionen zufolge leben die Visionen in einer Schicht des himmlischen Bereiches unmittelbar unter dem der minderen Himmelsmächte»:

«*Katascha*, der Ort, wo die Visionen sich aufhalten, befindet sich in der Nähe des Wohnplatzes der minderen Mächte. Deshalb können diese uns jede von ihnen ausgesuchte Vision herabschicken. Wenn die Mächte eine Vision aussenden, dann kommt sie zu dem Ausgesuchten hernieder, der sie sieht und das hört, was sie zu sagen hat; wenn der Tag herannaht, steigt die Vision wieder hinan zu *Katascha* und ruht dort, bis sie wieder gerufen wird.

Vor langen Zeiten lebte einst ein heiliger Mann, und der hatte einen Traum. Er wurde zu dem Ort entführt, wo alle Visionen leben. Diejenigen, die *Kawas*, dem *braunen Adler*, gehören, und die, die dem *weißen Adler*, dem männlichen, gehören. Während er sich dort aufhielt, brach der Tag an, und er sah, wie die Visionen, die hinabgesandt worden waren, heraufzuklettern begannen. Unter ihnen erkannte er jene Visionen, die ihn früher besucht hatten.» (1994: 136)

Vorigen Winter hatte ich in Washington D.C. ein Seminar über rituelle Körperhaltungen abgehalten und war nach Hause zurückgekehrt, voller Sehnsucht nach jener Welt, wo die Visionen zu Hause sind. Am nächsten Morgen saß ich, noch müde von dem Flug, vor meinem Computer. Ich lehnte meinen Kopf in einer etwas ungewöhnlichen Haltung nach hinten, als plötzlich ganz ureigene Visionen herabzusteigen begannen und sich zu einer langen mythischen Reise wie in einem Traum zusammenfügten. Was ich auf diese Weise erlebte, schrieb ich dann nieder.

Und dies ist nun die Vision über «meine letzten 40 Tage».

Meine letzten 40 Tage

Zueignung

Sonnenaufgang
Beide sogen noch einmal an ihrer Pfeife
und der Rauch glühte rosa und gold
über dem Horizont.
Dann wies der Medizinmann nach unten:
«Siehst du die Frau da
      mit ihrem langen grauen Zopf?
Das ist auch eine, die mir entschlüpft ist!»
Schmaläugig zwinkerten sie einander zu
und lachten sich eins,
zwei alte Männer in der Erinnerung ihrer Jugend.
Und während der Medizinmann
      es sich auf einer Wolke bequem machte,
brach Vater Sonne auf zu seiner täglichen Runde.

Ich hätte es mir ja denken können, daß nach meinem Tode alles ganz anders kommen würde, als wie ich es mir vorgestellt hatte. Ich hatte es zu meinem Freund, meinem älteren Bruder, dem mächtigen Unsichtbaren, beim Morgengebet so oft gesagt, daß es mir schien, es könne gar nicht anders sein: «Und wenn ich dann zum letzten Mal über jene Grenze schreite, dann

wirst du bei mir sein und mich zum Teich führen.»
Aber natürlich war er nicht dort.

Ehrlich gesagt, hatte ich allerdings sowieso meine Zweifel gehabt, ob alles wohl so glatt «abgewickelt» werden könnte, wie ich mir das gedacht hatte. Würde ich dort überhaupt zugelassen werden? Würden die Holzgeister, die den Zugang zu dem Teich bewachen, mich überhaupt erkennen und hinuntergeleiten? Schließlich war ich keine geborene Tewa-Indianerin. Keine Gevatterin der Mutter hatte mich bei der Geburt der Sonne dargeboten, das heilige Wasser hatte ich als Kind auch nicht erhalten und was es sonst noch alles gab. Ich hatte zwar einen Tewa-Namen bekommen, *Povi,* was Blume heißt, aber das war nicht im Angesicht der Sonne am ersten Lebenstag erfolgt. Statt dessen hatte ihn mir eine wohlwollende alte Indianerin aus einer gedruckten Liste von Tewa-Namen ausgesucht. Es schien vielmehr so wie eine Lappalie, so unrecht, daß ich den Namen nie wirklich als meinen eigenen betrachtet hatte. Ich mußte also annehmen, daß mir das nicht angerechnet würde. Ich hoffte allerdings, daß meine Sehnsucht, meine Forschung und meine Lehrtätigkeit sowie mein tägliches Opfer von blauem Maismehl meine sonstige Mangelhaftigkeit vielleicht hatte wettmachen können. Außerdem – hatte mir nicht einst ein berühmter Kazike, das geistliche Oberhaupt seines Dorfes, einen Heiratsantrag gemacht? Das war zwar schon lange her und nur im Scherz, das wußte ich natürlich, aber es könnte mir unter Umständen doch angerechnet worden sein. Anscheinend war das aber nicht der Fall.

Ich stand oben auf dem Hügel an jenem meinem

letzten Morgen, wie ich das seit Jahr und Tag immer getan hatte, und wartete darauf, daß die Sonne aufging und ihr glitzerndes Licht über die Welt ergoß. Hinter mir erstreckte sich das Hemi-Gebirge, das unter seinem dunklen Mantel das Geheimnis bewahrte, wie sich die Menschen vor ungezählten Jahren aus der dumpfigen, dunklen dritten Welt durch die Felsen durchgequält hatten, hinauf zu der grünen, fruchtbaren Erde. Ich füllte mir die Lungen mit der köstlichen trockenen Herbstluft, die auch sie eingeatmet hatten an jenem ersten Tag, die Maismütter, der Jägerheiler, die Maisjungfrauen, die Männer, die Frauen und die Kinder. Vor mir erhob sich die Bergspitze, die die Tewa den Berg des Steinernen Mannes nennen, mit seinem doppelten Buckel und die daneben liegenden, schwer von Skispuren verwundeten Bergrücken. Es war ein schmerzender Anblick, und ich wandte mich statt dessen lieber zum Trost dem Tal mit seinem weitausladenden trockenen Flußbett zu. Wie herrlich das einst gewesen sein muß, als sich dort noch ein mächtiger Fluß dahinwälzte mit all seinen Wasserwesen, den Fischen, den Fröschen, den Krabben und den Mücken, bis ihn die große Dürre vor Hunderten von Jahren erwürgte und ihn in einen Sandfluß verwandelte!

Ich wandte mich der von Wind und Wetter zerfledderten alten Zeder zu, die neben mir ihre nackten, knorrigen Äste gen Himmel streckte, alt und runzelig wie meine Hände. Ich fing an, die Geister zu begrüßen, wie ich es jeden Morgen und jeden Abend getan hatte seit so vielen Jahren, und da plötzlich geschah *es*, im selben Augenblick, als sich der Himmel rötete und dann kurz erblaßte, wie die ersten Strahlen des Sonnenvaters über die Bergspitzen und die goldenen Wolkenfließe strichen: Meine Kleidung verschwand, und meine Haut spaltete sich entlang meiner erhobenen Hände, meiner Arme, meines Gesichts, meines Oberkörpers, meiner Schenkel, so als hätte der leichte Morgenwind einen Reißverschluß betätigt. Schlaff sank mein abgetragenes Körpergewand auf den rostbraunen Sand, durchsichtig wie die abgelegte Haut einer Klapperschlange, und breitete sich über den handbreiten Steinring aus, in dem wir so oft zur Ehre der Geister Kopalharz verbrannt hatten. Ein erschrockener schwarzer Stinkkäfer krabbelte unter meiner Ellbogenhaut hervor und schaute sich um. Empört zitterten seine Fühler. Er erhob sein Hinterteil, um sein Gift zu entladen, aber als er keinen Angreifer fand, eilte er auf mageren Beinen in Richtung eines unbekannten Ziels davon.

Verblüfft schaute ich mich um. *Es* war also geschehen. Ich war über die Grenze geschritten. Ich war gestorben. Dennoch war alles so wie zuvor, der Himmel, die Berge, die Erde, die Zeder, nur schien die Umwelt in ihrem Wesen verändert, so als sei sie von Licht gesättigt. Fast unmerklich zitterte alles rundherum. Ich betrachtete mich selbst. Ich schien ähnlich, zitternd, durchsichtig und doch stofflich. Aber wo war nun mein Freund? Ich war wirklich überzeugt, daß wir gewissermaßen eine Abmachung getroffen hatten. Wo in aller Welt sollte ich hingehen, wenn er nicht erschien, um mich zum Teich zu führen? Sollte ich einfach hier sitzen bleiben und mich auflösen? Es war klar, daß ich mich nicht hilfesuchend an die gewöhnliche Welt wenden konnte. Ohne einen sichtbaren Körper würden mich meine Freunde, meine Kinder, meine Enkel nicht mehr sehen können. Trauernd werden sie mein abgelegtes Körpergewand aufheben. Vielleicht meinen sie sogar, daß ich das bin. Sie werden es meinem Wunsch gemäß einäschern lassen und die Urne begraben, und es wird ihnen überhaupt nicht klar sein, daß ich doch noch da bin. Ich fühlte mich plötzlich völlig trostlos und verzweifelt.

Die Luft war still. Das immerwährende Rauschen des Verkehrs auf der Landstraße im Tal schien gedämpft. Nur ein einsamer kleiner Fliegenschnäpper zwitscherte in den Ästen der Nußtanne am Weg, und vier Raben flogen hintereinander in Richtung der rosa Klippen am nördlichen Horizont. Plötzlich unterbrach ein zartes, silbernes Läuten die lastende Stille. Voll Freude schaute ich mich um. Den Laut kannte ich! Der Grillengeist war das erste unter den vielen hier beheimateten Geistwesen, das sich vor vielen Jahren mit mir angefreundet hatte.

«Grillengeistlein», rief ich, «liebe kleine Schwester, wo bist du?»

«Dreh dich um und schau runter», sagte eine feine Stimme, und dann läutete wieder das silberne Glöcklein.

Ich schaute hinunter, aber sah nur ein winziges Fleckchen Licht, kleiner als das eines Glühwürmchens, das zwischen den verschlängelten Zederwurzeln flackerte. «Ich weiß nicht, ob ich dich gefunden habe», klagte ich, «kannst du nicht auf einen Zweig raufspringen?» Es kam keine Antwort, und ich machte mir schon Sorgen, daß ich meine kleine Freundin vielleicht verscheucht hatte. Statt dessen hörte ich nun das Läuten fast zu meinen Füßen, und dann schlug das dünne, silberne Stimmlein vor, ich solle mich doch setzen. Das tat ich dann auch.

Der Lichtfleck setzte sich auf mein Knie, und ich bemerkte nebenbei, daß mein Bein weich und jung erschien, wie ich es auch an meinem übrigen durchsichtigen Körper wahrnahm. Das war nicht mehr wichtig, erschien mir aber eben doch recht nett.

«Vorige Nacht habe ich dich vor meinem Zimmer gehört», sagte ich, nur um ins Gespräch zu kommen. Der Lichtfleck zuckte.

«Ich sehe immer mal gerne nach, was du machst. Deshalb war ich heute früh auch hier. Du scheinst traurig. Wollen wir uns über unsere Abenteuer unterhalten?»

Dazu hatte ich schon Lust. Es waren lauter glückliche Erinnerungen. Wie damals, als es mich zu dem vergessenen Heiligtum hier auf dem Land gelockt hatte oder als es mich in Yukatan mit seiner silbernen Stimme wach gehalten hatte während einer endlosen, entsetzlich langweiligen Predigt, die ich aufzuschreiben hatte. Als ob es meine Gedanken erraten hätte, sagte das kleine Licht:

«Du bist fast vom Stuhl gefallen, du warst so schläfrig!»

«Und schließlich bist du heiser geworden. Ich fand das einfach rührend. Weißt du, ich habe mir oft überlegt, sind eigentlich alle Grillen für irgendeinen Menschen verantwortlich?»

«Keineswegs. Die meisten Grillen sind einfach nur Grillen, obgleich sie alle einen kleinen Funken besitzen, der sie mit der Geisterwelt verbindet. Ich bin anders, ich bin eins der ersten Wesen, etwa wie ein Prototyp, ein Urmuster. Du weißt doch, es heißt immer, wenn eine Grille ausschaut wie eine Grille und sich wie eine Grille benimmt, dann ist sie wahrscheinlich eine Grille. Aber wenn sie wie eine Grille aussieht, aber sich nicht wie eine Grille benimmt, dann ist sie wahrscheinlich etwas anderes. Schau mal!»

Ich hatte den Spruch früher einmal mit Bezug auf Vögel gehört, aber das machte schließlich nichts aus. Denn das kleine Licht begann sich zu winden, es erschienen ein schwarzer Schwanz, ein Paar Beine, dann noch ein Paar, und dann begann das dritte Paar in der ulkigsten Weise eine Art schwarzer Kapuze über das bucklige Vorderteil zu ziehen, und plötzlich saß da eine glänzende schwarze Grille mit fein ausgebildetem Körper und langen Fühlern auf meinem Knie. Dann schüttelte sie sich und war wieder ein Lichtpunkt.

«Du, das war aber fein!» rief ich aus. «Könnte ich das auch machen?»

«Ich glaube nicht», sagte sie. «Du hast deine menschliche Bekleidung verloren und kannst sie nicht wieder anziehen. Du bist jetzt ...», sie zauderte etwas, «in der Tat bist du jetzt nämlich, technisch gesehen, ein Gespenst.»

Ich wußte natürlich, daß sie im Recht war, aber ich hatte mich noch nicht mit diesem Gedanken angefreundet. Also fing ich an, von etwas anderem zu sprechen.

«Hast du eine Ahnung, wo mein Freund ist? Ich hatte gemeint, wir würden uns hier treffen, damit er mich zum Teich führen kann.»

«Warum willst du denn zum Teich?»

«Gelangen am Ende nicht alle Toten einmal zum Teich? Ich meine die Bevorrechtigten, die mit den gültigen Ausweisen. Jedenfalls besagt das doch die Überlieferung. Und dann sitzen sie alle herum mit ihren Verwandten und Freunden, es wird immerzu gesungen und gelacht, und sie können den Kachinas, den Hilfsgeistern, beim Tanzen zuschauen, auf immer und ewig. Ich stelle mir das wunderbar vor.» Ich seufzte. «Wenn mein Freund nicht auftaucht, kannst du mich dann hinführen?»

«Es tut mir leid, aber da kann ich dir nicht behilflich sein. Ich bleibe immer hier in dieser Gegend und läute meine Glocke. Das ist die Regel.»

Ich wollte sie fragen, ob ich wohl den Weg zum Teich selber finden könnte, als wir vom Pfad her, der zum Hügel heraufführte, ein Geräusch hörten. Es kam jemand. Ich stand auf und lugte durch die Zweige der Nußtanne. Mühsam atmend stapfte ein höchst merkwürdiger Geselle über die Furchen und Steine. Eigentlich war er ein Kürbis. Oder, besser gesagt, bestand er aus zwei grünen Kürbissen, einem kleineren, der ihm als Kopf diente, und einem größeren, der der Körper war. Er trug einen schwarzen, grün und rot bestickten Schurz, in der Hand hielt er einen Stab, und offensichtlich suchte er jemanden, denn er schaute andauernd in alle Richtungen, über die Hügel, nach Westen und nach Osten. Ich trat hinter der Nußtanne hervor, um ihn besser ansehen zu können.

«Ha!» sagte er mit einer tiefen, rauhen Stimme. «Da bist du also. Wir hatten angenommen, daß dies wohl der Tag sein würde.»

Ich war völlig verwirrt. So hatte ich mir meinen

Freund überhaupt nicht vorgestellt. Kein braunes Fell, keine spitzen Hörner, nichts von all dem, was ich in meinen Trancevisionen gesehen hatte.

«Bist du mein Freund?» fragte ich schließlich.

Er schüttelte seinen Kürbiskopf. «Ich glaube, ich weiß, was du meinst, obgleich ich feststellen muß, daß du dich nicht sehr präzise ausgedrückt hast. Ich bin der Bote, und ich bin eigentlich überrascht, daß du mich nicht erkannt hast. Ich habe eine Botschaft von deinem Freund für dich.»

«Setz dich doch bitte und ruh dich aus», sagte ich und versuchte ihm nicht zu zeigen, wie enttäuscht ich war.

«Das geht jetzt nicht. Ich habe noch mehrere andere Botschaften zu überbringen, zum Beispiel Gebete der Menschen um Regen an die Wolkenleute, obgleich das allerdings im Augenblick während der trockenen Jahreszeit nicht sehr eilig ist. Jedenfalls mußt du verstehen, daß du nicht die einzige bist, die auf eine Nachricht wartet.»

«Du hast recht, ich hatte wirklich keine Ahnung. Ich habe gemeint, ihr Geistwesen seid allwissend.»

Er schüttelte den Kopf, und seine Antwort klang etwas verärgert.

«Aber nein, nein, liebes Kind», sagte er, «hier ist niemand allwissend oder allmächtig oder wer weiß was. Also braucht man selbstverständlich auch Boten.» Ich beschloß lieber abzuwarten, was er zu sagen hatte. Umständlich trocknete er sich die Stirn mit einem roten Taschentuch. Dann sagte er äußerst höflich: «Dein Freund läßt sich vielmals entschuldigen, aber heute ist er leider unabkömmlich.»

Ich fing an ungeduldig zu werden. Warum mußten Boten immer so umständlich sein? «Ich verstehe das nicht», sagte ich. «Was hält ihn denn auf? Schließlich muß ich doch dringend zum Teich!»

«Ach, du hast es also noch nicht gehört? Im Osten, in einem von euch Weißen Wisconsin genannten Teil des Landes, ist ein weißes Büffelkalb zur Welt gekommen. Das ist ein äußerst wichtiges Ereignis, von großer sozialer und religiöser Bedeutung. Dein Freund leitet einige der Rituale, die die Geister zur Begrüßung des weißen Kälbchens veranstalten.»

Ich fühlte mich zurechtgewiesen. Es war ohne weiteres klar, daß der Tod einer Greisin in keiner Weise mit der Geburt eines heiligen weißen Büffelkalbs konkurrieren konnte. «Es tut mir leid», entschuldigte ich mich. «Ich hatte keine Ahnung. Aber weißt du vielleicht, ob er vorhat, morgen zu kommen? Du verstehst, ich habe es eilig. Ich muß doch zum Teich.»

Der Kürbismann wandte sich zum Gehen und sagte über die Schulter: «Das weiß ich nicht. Vielleicht ja. Aber du brauchst dich nicht aufzuregen. Schließlich hast du vierzig Tage Zeit.» Und er eilte fort in Richtung des Gatters.

«Herzlichen Dank auch», rief ich ihm nach und fragte dann die Grille, die es sich auf einem Zweig der Zeder bequem gemacht hatte: «Was hat er denn gemeint, ich hätte vierzig Tage Zeit? Ich habe gedacht, der Weg zum Teich dauert nur vier Tage.»

«Bei dir ist das anders. Du als Weiße brauchst mehr Zeit, mindestens vierzig Tage, um dich von einem Gespenst in einen Geist zu verwandeln», sagte sie gelassen. «Gespenster werden im Teich nicht zugelassen.»

Mutlos setzte ich mich wieder auf die Erde. «Und was kann ich denn nun jetzt anfangen?»

«Wie wär's, wenn du ein bißchen spielen würdest? Wir spielen hier alle gern. Möchtest du dich nicht mal verwandeln? Das hast du früher immer gerne getan.»

Das war ein vernünftiger Vorschlag. Ich kniete mich hin und legte die Hände vorschriftsmäßig auf die Oberschenkel. Dann fiel mir plötzlich ein, ich hatte ja keine Rassel, und zudem, wer sollte denn für mich rasseln? Ohne das konnte ich mich doch gar nicht verwandeln! Ich war noch dabei, mir das zu überlegen, als mir eine kleine Stimme ins Ohr flüsterte: «Ruf deine Rassel!»

«Warst du das, Grillengeistlein?» fragte ich. Aber die Grille war auf die nächste Zeder gehüpft und war mächtig am Trillern. Also tat ich, was mir geheißen worden war. «Kling gut, Schwesterchen», sagte ich, wie ich das immer gemacht hatte, als ich noch Mensch war, «kling süß.» Kaum hatte ich es gesagt, da erschien auch schon meine Rassel vor mir und tanzte und rasselte eifrig, wobei ihr Griff lustig hin und her pendelte. Ich schloß also die Augen und dachte zugleich, daß ich das jetzt wahrscheinlich gar nicht mehr zu tun bräuchte, denn ich war ja schon in der anderen Wirklichkeit. Aber ich tat es trotzdem.

Ein Wirbelwind ergriff mich und zerriß mich, bis alle meine gespenstischen Teile mit dem Wind herumtanzten, herum und herum. Ich war nur noch Staub im Wind. Da lachte der Wind und ließ mich fallen. Ich lagerte mich auf die Erde, und als ich mich anschaute, da war ich ein Gerippe. Ich wollte schreien, aber dann wuchsen mir, dem Skelett, Krallen und Beine und ein brauner muskulöser Körper und ein langer Schwanz. Ich wußte, daß ich das Gesicht einer Wildkatze hatte und kleine Ohren und daß ich nun ein Berglöwe war. Mit großen Sprüngen lief ich den Abhang hinunter, rechts und links rollten die Steine, und fing dann an, im Flußbett dahinzujagen. Es war herrlich, so leicht und frei über den Sand zu streifen. Ein Kaninchen mit seinem bauschigen weißen Schwanz sprang aus einem Bergmahagonibusch, und ich rannte ihm nach, der Speichel lief mir aus dem Maul beim Anblick der Jagdbeute. Dann war ich das Kaninchen und folgte in atemloser Eile den Verzweigungen des alten Flusses. Auch das war lustvoll, dauerte aber nicht lange, denn ich verwandelte mich nun in eine Libelle mit glänzenden Flügeln, war müde und setzte mich zum Ausruhen auf einen runden schillernden Stein. Mir wurde heiß, immer heißer. Und gerade als ich meinte, ich könnte es nicht mehr aushalten, da spaltete sich mein Körper, und ich gebar einen Ball von Licht, der in den Sand rollte.

Ich öffnete die Augen und befand mich wieder auf dem Hügel. Die Grille saß auf unserem Kopalaltar, und von meinem alten Köpergewand war nichts mehr zu sehen.

«Was ist geschehen?» fragte ich.

«Deine Kinder und Freunde sind gekommen und haben dein abgelegtes Gewand mitgenommen. Sie waren sehr traurig.»

«Dann muß ich unbedingt schnell hingehen und ihnen sagen, wo ich bin, und daß mir nichts fehlt!»

«Das geht nicht.»

«Wieso nicht?»

«Die Berührung mit einem Gespenst macht die Lebenden krank. Du mußt dich fortan fernhalten von ihnen.»

Wie traurig! Wieder eine Regel. Ich kniete noch, setzte mich nun bequemer auf den Sand und legte die Arme um die Knie. «Dann sollte ich wohl in mein Zimmer gehen und mich ausruhen», meinte ich.

Die Stimme der Grille klang voll von Bedauern. «Es tut mir leid, aber das ist auch gegen die Regeln. Deine Freunde werden sogar dein Zimmer neu anstreichen und es völlig verändern, damit du es nicht wiederfinden kannst.»

«Was soll das denn nun bedeuten?»

«Eigentlich ist das das Beste für dich. Wenn du ständig zu deinem früheren menschlichen Zuhause zurückkehrst, wirst du dich niemals in einen Geist verwandeln. Statt dessen bleibst du auf immer ein Gespenst, und, glaub mir, das ist keineswegs angenehm.»

Sie hatte offensichtlich recht. Außerdem wußte ich ja nun, daß es für Gespenster keinen Zutritt zum Teich gab. Also wollte ich auf keinen Fall immer ein Gespenst bleiben. Ich seufzte. Es war wirklich schwierig, sich an all diese Regeln zu gewöhnen.

«Wo kann ich mich dann ausruhen?» Ich hörte ein lustiges Gekicher. «Dummkopf du, wozu willst du dich denn ausruhen? Gespenster schlafen nicht. Außerdem streifen sie auch allzu gerne nachts herum.»

«Vielleicht hast du recht», erwiderte ich. «Aber ich könnte mich sicher leichter an alles gewöhnen, wenn ich wenigstens so tun könnte, als ob ich mich nachts hinlegte. Dafür müßte ich allerdings mein eigenes Haus haben. Aber mir das noch zu beschaffen, wäre wohl vor meinem Aufbruch zum Teich nicht mehr möglich.»

«Aber du hast doch schon eins. Schau mal da drüben!»

Ich wandte mich nach Westen und blickte auf die wild aufgehäuften Hügel jenseits des alten Flußtales. In einer Falte befand sich ein merkwürdiges Gebilde. Es sah aus dieser großen Ferne wie ein altes, sehr kleines Adobehaus aus, das inmitten einiger Zedern mit seinen verwitterten Lehmwänden in dem dahinter hinaufragenden Felsen verwurzelt schien. Ich hatte es ein Geisterhaus genannt, als ich es einmal zufällig sah, denn es war gewöhnlich unsichtbar und erschien nur, wenn sich die Schatten kurz vor Sonnenuntergang in die Länge zogen.

«Weißt du noch, wann du es zum ersten Mal gesehen hast – damals, als du so traurig warst, weil deine Freundin wie aus heiterem Himmel grob zu dir war?»

«Dazu konnte sie doch nichts, es kam von den Medikamenten, die sie eingenommen hatte.»

«Du warst trotzdem total niedergeschlagen, und darum ließ dein Freund es dir erscheinen, um dir eine Freude zu machen. Komm, wir schauen es uns an!»

Besorgt nahm ich an, es würde sich um eine lange, anstrengende Wanderung handeln, und ich wußte nicht, ob ich dazu genug Kraft haben würde. «Streck deine Arme aus», flüsterte mir wieder jene geheimnisvolle Stimme, die ich schon einmal gehört hatte, ins Ohr. Ich tat es, und ein starker Wind ergriff mich, nachdem ich nur noch schnell die Grille auf meine Schulter gesetzt hatte. Er trug uns über das Flußbett, und im Nu stand ich auch schon vor dem Geisterhaus.

Neugierig schaute ich es mir an. Es schien wirklich uralt. Die Grundmauern waren aus den schweren Steinen zusammengefügt, die als Geröll überall hier in den Arroyos herumliegen, in jenen tiefen Klüften, die die seltenen Regengüsse überall in die sandige Erde der Wüste eingegraben haben. Die Wände bestanden nicht aus Lehmziegeln, wie ich gemeint hatte, sondern waren aus Lehm gestampft, wie das die Ahnen zu machen pflegten, lange bevor die Weißen hier eingebrochen waren. Es gab ein kleines Fenster in der Vorderwand, aber was mir aus der Entfernung als Tür erschienen war, war nur ein niedriger Zedernbusch. Statt dessen lehnte eine roh behauene Leiter mit sorgfältig geschnitztem Abschlußbrett gegen die Außenwand. Aus einer Erdspalte neben der rechten Hausecke wuchs ein dichter Busch von strahlend gelben Ringelblumen.

«Schau nur, Grille, Blumen in der Wüste! Wie wunderschön!» Ich trat näher heran, um sie zu bewundern, aber zart wie ein leichter Herbstwind sangen sie ein Lied:

> *Wir sind Geisterschatten, Blumen,*
> *Berühr uns nicht, berühr uns nicht,*
> *Pflück uns nicht,*
> *Geisterblumen, Schatten,*
> *Gelbe Geisterschatten.*

«Ich wollte ihnen doch gar nichts tun», sagte ich zu der Grille, als müßte ich mich entschuldigen.

«Möchtest du dir das Haus nicht von innen anschauen?» fragte sie.

Ich kletterte die Leiter hinauf. Im Dach war wie üblich ein viereckiges Loch, durch das man über eine andere Leiter in das einzige rechteckige Zimmer gelangen konnte. Drinnen lag auf dem Lehmboden eine abgeschabte braune Haut, und in der Ecke befand sich ein offener Kamin. «Bitte doch den Aschenburschen um ein Feuer», flüsterte mir die Stimme ins Ohr.

Das schien ein vernünftiger Vorschlag. Der Aschenbursche und ich hatten uns schon vor Jahren angefreundet. Als ich noch Mensch war, kehrte ich einmal nach einer Trancesitzung mit meinen Schülern in mein Zimmer zurück und konnte eine Gegenwart spüren. Sie schien wie eine Wolke, aber zarter, so als bestünde sie nur aus einem Umriß, und strahlte doch Kraft aus. Ich hatte Angst, mich zu bewegen, weil ich sie dann gestört hätte, und nahm wahr, wie sie sich langsam in Richtung meines Kamins zurückzog. Es fiel mir ein, daß ich etwas von einem freundlichen Tewa-Hausgeist gelesen hatte, der sich gerne in Kaminen aufhält. Von da ab streute ich öfter einmal eine Prise blauen Maismehls in den Kamin, damit sich der Aschenbursche nicht einsam fühlte.

«Aschenbursche», sagte ich, wie es die Flüsterstimme vorgeschlagen hatte, «bitte laß mich ein Feuer haben.»

Sofort sprangen zwischen den Steinen im Kamin einige rot- und orangefarbige Flammen hoch, wie Blumen aus dem Wüstengrund nach einem Regen. Es fühlte sich alles plötzlich ganz heimelig an.

«Danke, Aschenbursche», sagte ich und setzte mich auf das Fell. Flüchtig erschien hinter den Flammen das verhüllte Gesicht einer Kachina.

«Du kennst also den Aschenburschen?» fragte die Grille, die sich auf Grillenart im Haar des Fells versteckt hielt.

«Na klar. Du weißt doch all die Geschichten über ihn und seinen Bruder, und wie sie zusammen die Hasen gejagt haben. Vielleicht ist er deshalb damals bei uns aufgetaucht. Wir waren von Wildkaninchen überlaufen. Und weißt du noch, wie die Hexenfrau, Großmutter Zahn, die Burschen fressen wollte?»

Und dann setzten wir die Geschichte gemeinsam fort, so als hätten wir das schon wer weiß wie oft getan:

Großmutter Spinne hat sie versteckt, jawohl,
Sie hat sie in einer Luke versteckt, jawohl,
Und als Großmutter Zahn sie rausholen wollte,
Da hat sie sie in ein Reh verwandelt.
In ein Reh, jawohl,
In ein Reh!

Und wir lachten. «Wieso kennst du die Geschichte auch?» fragte ich.

«Ich habe zugehört, wie die Ältesten sie erzählt haben in der kalten Jahreszeit, wenn die Schlangen zum Schlafen unter die Erde kriechen.»

Ich setzte mich bequemer hin. «Sag mal, was ist das eigentlich für eine flüsternde Stimme, die ich manchmal höre, wenn ich mir keinen Rat weiß wie vorhin, als ich nicht wußte, wie wir den Fluß überqueren sollten, und gerade eben, die Sache mit dem Feuer?»

«Oh, die Stimme? Na, das ist doch der heilige Wind.» Sie schien zu meinen, daß ich das wissen müßte, und als ich den Kopf schüttelte, fuhr sie fort: «Weißt du nicht mehr – die Sache mit den Heldenzwillingen, den Söhnen der sich wandelnden Frau und der Frau der weißen Muscheln? Wie der heilige Wind, ohne daß Vater Sonne sich dessen gewahr wurde, die Heldenzwillinge flüsternd beriet, wie sie sich verhalten mußten, damit ihr mißtrauischer Vater sie nicht umbrachte?» Die Grille sagte das öfter: «Weißt du nicht mehr?» Ich mochte das gerne, denn das bedeutete, daß es nicht gegen die Regeln ist, daß ich einen Schatz von Erinnerungen in diese andere Wirklichkeit mitgebracht hatte, und ich durfte mich, wenn nötig, ihrer bedienen.

«Aber der wohnt doch bei den Navajo?»

«Na und? Der Wind kennt keine Grenzen. Weißt du nicht mehr, wie die kleinen Wirbelwinde bei dir immer auf dem Weg den Hügel hinuntergetanzt sind?»

«Sicher weiß ich das noch. Es hat mich immer geärgert, wenn die Nachbarn sie die Teufelswinde genannt haben. Ich war überzeugt, daß es nicht Teufel, sondern freundliche Geister sind, die den Staub so lustig herumwirbeln. Das war also der heilige Wind?» Es gab offensichtlich eine Menge, was ich neu zu lernen hatte.

Eine Weile schauten wir beide dem Feuer zu. Die Grille läutete ein wenig, dann schwieg sie.

«Eigentlich müßten wir jetzt Abendbrot essen», sagte ich und meinte es im Scherz.

Die Grille antwortete nicht. Die tanzenden Flammen hatten eine kleine glühende Höhle gebildet, und ich erinnerte mich, wie ich als Kind vor dem Kachelofen gesessen hatte und durch das Fensterchen aus Marienglas zuschaute, wie winzige Zwerglein mit roten Zipfelmützen in der Glut herumhopsten. Ich drehte mich auch nicht um, als ich ein Geräusch auf der Leiter hörte, weil ich meinte, es sei die Grille. Dann räusperte sich jemand. Es war der Bote.

«Du bist gekommen?» fragte ich, wie das in den Pueblos früher üblich war.

«Ja.»

«Setz dich», sagte ich. Ohne weitere Umstände ließ sich der Bote neben mich auf das Fell nieder. Für jemanden, dessen Körper nur aus einem Kürbis bestand, war das recht schwierig, aber er brachte es wirklich zuwege. Ich versuchte mich daran zu erinnern, was die nun folgende höfliche Formel gewöhnlich war, denn ich wollte gern, daß er sich bei mir zu Hause fühlte.

«Es ist für einen Fremden nicht üblich», deklamierte ich, «daß er ein fremdes Haus betritt, ohne mitzuteilen, was er im Sinn habe.»

«Das hast du gut auswendig gelernt», nickte er. «So wie man das dazumal sagte. Ich bin auf dem Weg nach Hause, aber das Gebirge, das wir die Brüste der Erde nennen, ist noch ziemlich weit weg, und so habe ich mir gedacht, ich komme bei dir vorbei und sehe nach, wie es dir geht.»

«Ich bin dabei, all die neuen Regeln zu lernen», seufzte ich.

Von der Leiter her wurde ein leichtes Kratzen hörbar, und als wir uns umdrehten, sahen wir, wie die Grille herunterrutschte, ein winziges Licht mit einem noch winzigeren Lichtbündel auf dem Rücken. Sie huschte zwischen uns durch und lud ihr Bündel auf dem Fell ab. Wir schauten zu, wie es sich merklich ausdehnte und schließlich zu einem erdfarbenen Tontopf wurde mit einem *Kivastufen* genannten Muster auf der einen Seite und dem *Blitz* auf der anderen. Er war bis an den Rand mit blauem Maisbrei angefüllt.

«Das Abendbrot!» rief ich aus.

«Deine Freunde haben gut bei dir gelernt», lobte die Grille. «Das ist das Maismehl, das sie heute abend Vater Sonne geopfert haben, als er hinter die Hemi-Berge versank.»

Wir machten uns darüber her und aßen und aßen. Es war unwahrscheinlich köstlich. Ich fand es erstaunlich, wie ausgiebig der Geistgehalt einer rituell dargebotenen Prise Maismehls in der anderen Wirklichkeit tatsächlich ist.

Ich lud den Boten ein, bei uns zu übernachten, aber er wollte lieber nach Hause. Eilig kletterte er die Leiter hinauf und verschwand in der Nacht.

«Komm, laß uns spielen», schlug die Grille vor, und das taten wir dann auch. Es war die Nacht der Tag-und-Nacht-Gleiche. Alles schimmerte festlich im hellen Mondlicht, wie wir zwischen den Zedern und Nußtannen durchschlüpften, die glühenden Schlangengrasbüsche umkreisten und lachend die lärmenden Grashüpfer in die blühenden Hasenstauden scheuchten. Bruder Stachelschwein saß auf einem Ast und verdaute seine Abendmahlzeit, aber er schien verstimmt. Vielleicht war er immer noch in Verlegenheit bei dem Gedanken, daß wir ihn damals, als ich noch Mensch war, mit der Haltung des Rufens des Wildes aus seinem Versteck gelockt hatten.

«Das glaube ich nicht», meinte die Grille. «Er ist immer so mürrisch.»

Wir überraschten Schwester Schlange dabei, wie sie

einen Abhang hinunterglitt, aber sie traute uns nicht, und mit erstaunlicher Geschwindigkeit verschwand sie in einem engen Loch. Bruder Dachs, braun und flach, hob die Nase, als er uns sah, dann schüttelte er sich und war ein Klecks von vibrierendem Licht. Ich mußte mich wirklich erst einmal daran gewöhnen, wie hier alles immerzu die Gestalt wechselte. Wir gerieten in das tiefe Arroyo der Eulen, und auf lautlosen Schwingen glitt einer der riesigen Vögel an uns vorbei, dann hörten wir von weit weg seinen Ruf: Huuuuu, hu, hu. Als ich mich nach ihm umdrehte, war er ein Geistwesen in festlicher Pueblokleidung mit gesticktem Hemd, einen schmalen Schal um die Haare, das in Richtung der Pueblos auf der anderen Seite der Landstraße davoneilte.

«Vielleicht ist jemand krank», nickte die Grille.

Ich begann müde zu werden. «Ich glaube, ich gehe nach Hause und tue so, als ob ich mich ausruhe», sagte ich, als der Mond anfing, in Richtung des Horizonts hinabzusinken.

Gespenster schlafen nicht, hatte das Grillengeistlein gesagt, aber möglicherweise haftete mir immer noch etwas von meinem Menschsein an, denn ich war anscheinend auf meinem Fell vor dem Kamin eingedöst. Plötzlich öffnete ich die Augen und sah den Schatten der Leiter in dem kalten Licht des frühen Morgens. Es gab aber auch noch etwas anderes: Es war, als vibrierten das gesamte alte Flußbett, die Abhänge der Hügel und selbst mein Geisterhaus in einer viel stärkeren Weise als zuvor, so als habe jemand mit einer Stimmgabel ganz fest gegen ein Holz geschlagen.

Ich kletterte die Leiter hinauf, steckte meinen Kopf durch das Schlupfloch und schaute mich um. Was ich sah, war ein riesiger dunkler Schatten, der das halbe Flußbett überdeckte und der eine Kraft ausströmte, wie ich sie noch nie erlebt hatte. Das ist die Verzückung, dachte ich, die wahre Verzückung! Ich wurde mit einbegriffen in das Vibrieren zusammen mit meinem kleinen Haus, den Zedern und selbst den Wolken am blassen Morgenhimmel.

«Komm runter, Schwester», sagte eine freundliche, ganz gewöhnliche Männerstimme. Der riesige Schatten war verschwunden, und neben den Ringelblumen an der Ecke stand ein Indianer mittleren Alters, mit dunklem Gesicht, in der einfachen Kleidung der Prärieindianer mit gefranster Hose und Jacke, einer einzigen Adlerfeder im langen, schwarzen Haar und einer bunten Wolldecke um die Schultern.

«Du bist also da!» sagte er. «Herzlich willkommen!»

Ich war so überrascht, daß ich nicht wußte, was ich sagen sollte, während ich hinunterkletterte und zu ihm hintrat.

«Dein Gesicht», stotterte ich, «dein Gesicht, das kenne ich ja schon! Ich habe gemeint, ich müßte sterben an dem Morgen, als ich es auf meiner Büffelmaske gesehen habe. Alle Geschichten behaupten das, die alten Überlieferungen. Wenn du einen Geist siehst, mußt du sterben, du verbrennst oder was auch immer. Mir ist aber nichts passiert. Also habe ich gemeint, ich hätte mich geirrt.»

Er breitete seine Decke auf der Erde aus und lud mich ein, mich neben ihn zu setzen. «Du hast recht gehabt. Es war wirklich mein Gesicht. Ich meinte, du seist nach all deinen Besuchen auf unserer Seite der Wirklichkeit, nach all den Erfahrungen, die du da gesammelt hattest, stark genug, um das zu ertragen. Und ich hatte recht.»

«Ich habe dich so oft angeredet. Jeden Morgen, jeden Abend. Und ich habe mir oft überlegt, ob du mich wohl hören kannst.»

«An sich ist das schwierig für uns. Es klingt wie das Rauschen der Bäume. Außer – du kommst ganz natürlich auf unsere Seite, wie du das so oft getan hast. Wir hören aber die Absicht und versuchen zu antworten.»

«Wie, wenn ich den Morgensegen gesprochen habe, und es geht nicht der geringste Windhauch, und doch bewegt sich ein einziger kleiner Zweig?»

«Richtig.»

«Ich habe mir oft überlegt, wie ich dich nennen soll. Ist es dir recht, wenn ich einfach ‹Büffelbruder› sage? Du warst derjenige, der mir dabei geholfen hat, daß ich dein Abbild im Geröll fand, damit ich Bescheid wüßte, wer der Geist ist, der sich mit mir angefreundet hatte.»

«Das ist mir recht. Ich bin ja der Büffel. Aber deinen Namen habe ich nie verstehen können.»

«*Die Samenträgerin* ist die Übersetzung einer meiner Vornamen.»

«Die Samenträgerin», wiederholte er langsam, «das ist gut. Den Namen kannst du behalten, bis du dir selbst einen anderen aussuchst. Vielleicht zu der Zeit, wenn du dich in einen Geist verwandelst.» Ich war in Versuchung, bei dieser Gelegenheit nach dem Teich zu fragen, aber dann war ich doch zu schüchtern. Statt dessen sagte ich:

«Bei unserem Maskentanz habe ich mich oft in einen Büffel verwandelt.»

«Das habe ich gesehen, und ich habe mich gefreut darüber. Ich habe auch deine Tränen gesehen, wie du den Schatten deiner Hörner bemerkt hast.»

«Ich war traurig bei dem Gedanken an die Riesenherden, die einst dies Land bevölkerten. Und ich habe in machtloser Wut die gehaßt, die sie ausgerottet haben.»

Ich dachte, ich würde getadelt werden, aber er sagte nichts.

Eine Weile saßen wir da, und um uns war Friede. Weiter unten am Abhang bewegte sich ein Zedernzweig, und ich meinte, ich hätte den Schatten eines Wolfs gesehen.

«Kennst du ihn?» fragte Büffelbruder. Ich schüttelte den Kopf. Er löste eine kleine perlenbestickte Tasche vom Gürtel. «Laß uns in dein Haus gehen. Ich habe ein paar Geschenke für dich.»

Der Aschenbursche hatte ein Feuer angezündet, und als Büffelbruder die kleine Tasche öffnete und sie schüttelte, breitete sich ein großes gelbes Büffelfell auf dem Boden aus und drehte sich mit den dunklen Haaren nach oben. Ich setzte mich darauf und streichelte den weichen Pelz. Er setzte sich neben mich.

«Vielen Dank», sagte ich, «aber ich habe gar kein Gegengeschenk.»

«Seit vielen Jahren hast du mir morgens und abends eine Opferspeise gebracht. Und dann war auch noch das besondere Fest beim Vollmond, nicht wahr? Jetzt bin eben ich dran. Das war das erste, was uns an dir aufgefallen ist, die Opferspeise. Und dein Erbarmen.»

Ich mußte lachen. «Wie unwissend ich herumgesucht habe! Ihr Geister hier auf diesem Land habt mir so leid getan. Ich habe mir überlegt, daß seit der Zeit, als die Einwohner der Pueblos vor den Spaniern geflohen sind, niemand euch mehr ein Speiseopfer gebracht hat. Erst habe ich an Wasser gedacht. Ich meinte fast, ich könnte euch darüber lachen hören. Dann habe ich Blumen gepflückt. Aber ich hatte das Gefühl, daß das auch nicht das Richtige war.»

«Und dann hast du die Tochter des Kazike gefragt. Das war gut so. Sonst müßten wir uns vielleicht immer noch mit einer Diät von Wasser und geköpften Blumen begnügen.» Er lachte gutmütig und griff wieder unter seinen Gürtel. «Hier habe ich noch etwas.» Er holte einen bunten Medizinbeutel hervor und legte ihn auf das Fell. Ein doppelter Regenbogen und eine lila Blume mit einem einzigen Blatt waren aus Perlen darauf abgebildet. Er stand auf und hatte nun eine flache Trommel in der Hand. Sachte fing er an, sie zu schlagen und dazu singen.

> *Heya, heya, heya ho,*
> *Die Samenträgerin*
> *Auf dem Büffelfell,*
> *Heya, heya, heya, ho*
> *Sie wartet.*

Auf den Knien wiegte ich mich im Rhythmus zu dem Trommelschlag. Aus der Ferne klang nun das Lied, mit dem die Büffeltänzer auftreten: «Weye hene yahe yo...» Auf dem Fell tanzten zwei Jünglinge mit Rasseln in den Händen. Sie trugen ihr Büffelkostüm, den kurzen Rock, die mächtige Büffelmaske, und die kleinen Federn schwangen hin und her am Ende ihrer geschwärzten Hörner. Ein Mädchen, in weißer gestickter Manta, ebenfalls mit einer Rassel, tanzte mit. Erst tanzten sie schnell, dann ganz langsam.

Büffelbruder hörte zu trommeln auf. «Ich habe den Büffeltanz gesehen», sagte ich. Es tat mir leid, daß der Tanz schon zu Ende war. Er nickte, und seine Trommel war verschwunden. Statt dessen hob er den Medizinbeutel auf und hängte ihn mir um den Hals. «Mein Abbild ist darin», sagte er, «du weißt, ein Fetisch.»

«Ja, ich weiß. Als ich noch Mensch war, hatte ich auch einen Fetisch, der dich darstellte. Ich habe mir immer vorgestellt, der funktioniert wie ein Telefon. Ich konnte ihn, wenn ich in der Klemme war, in der Hand halten, etwas Maismehl draufstreuen, ihn mit meinem Atem segnen und dich rufen.»

«So sollst du ihn auch weiterhin benutzen. Ruf mich, wenn du Hilfe brauchst.»

Voller Enttäuschung zog sich mir die Brust zusammen. «Du bleibst nicht da ...? Ich habe gemeint, wir würden nun beisammen bleiben ... So habe ich mir die Ewigkeit und das Seligsein vorgestellt ...» Meine Stimme versagte, der Schmerz schien unerträglich.

«Du bist immer noch ein Gespenst», sagte er freundlich. «Bevor du dich in einen Geist verwandeln kannst, mußt du noch viel lernen. Und auch ich habe andere Angelegenheiten zu erledigen.»

«Und wann kommst du wieder?»

«Ich habe indianische Freunde im Norden von hier. Die nennen diesen Monat den Mond des weiblichen Murmeltiers. Ich will versuchen, wieder hier zu sein, wenn du das letzte Viertel der Murmeltierfrau am Himmel siehst.»

Es schien ihm klar zu sein, daß ich weder mit Vater noch mit Mutter Murmeltier viel anzufangen wußte. Außerdem war ich mir auch nicht sicher, ob ich das letzte Viertel des Mondes überhaupt erkennen würde. Hilfreich fügte er hinzu: «Das ist in vier Tagen.»

Eine Weile saßen wir still beisammen und erfreuten uns an den Flammen des Aschenburschen. Dann sagte er:

«Die Grille kommt. Laß uns rausgehen und mit unseren Tiergeschwistern etwas essen.»

Die Grille hatte ihren Tontopf neben den gelben Ringelblumen aufgestellt, und zum Essen setzten wir uns alle im Kreis, Bruder Dachs, Schwester Schlange und wir drei. Die Tierleute kamen als Lichtflecke an und verwandelten sich beim ersten Bissen in ihre Tiergestalt. Aber dann sahen sie auch manchmal wie menschliche Wesen aus. Schließlich kam sogar auch noch der Bote. Er stolperte so eilig das Flußbett hinauf, daß ihm sein Stab fast zwischen die Beine geriet. Der fremde Wolf, den ich im Zedernbusch gesehen hatte, kam vorsichtig herangekrochen und drängelte sich neben mich. Er war sehr schön, mit weißer Halskrause im grauen Fell, leicht gespitzten kleinen Ohren mit einem schwarzen Strich dazwischen und traurigen bernsteinfarbenen Augen.

«Morgen solltest du vielleicht die Unterwelt besuchen», sagte Büffelbruder beim Schlucken. «Da gibt's allerhand zu lernen.»

Etwas hügelan meinte ich einen Schatten zu sehen. Anscheinend hatte Bruder Wolf ihn auch bemerkt, denn er knurrte kurz, und gereizt sträubten sich seine Halshaare. Ich legte ihm die Hand auf den Kopf und erwartete, er würde sich nun schütteln und sich in einen vibrierenden Lichtfleck verwandeln, aber das geschah nicht. Und als der Mond des weiblichen Murmeltiers über den Bergrücken des Steinernen Mannes emporstieg, nickte Büffelbruder kurz und war verschwunden.

Am nächsten Morgen saß ich vor meinem Haus und machte mich bereit, in die Unterwelt zu fahren, wie Büffelbruder es vorgeschlagen hatte. Der Himmel war unwirklich tiefblau. Unten im trockenen Flußtal tanzte ein fußhoher Wirbelwind vorbei. Ich konnte die blassen Umrisse eines Geistwesens darin erkennen, das auf Zehenspitzen mittanzte, ein schwarz verhülltes Gesicht und eine Krone aus gelben Blitzen. Das mußte Spaß machen! Die Grille war weder zu sehen noch zu hören. Vielleicht hatte sie keine Lust, mit mir in die Unterwelt zu fahren. Ich legte mich in der vorgeschriebenen Haltung hin und wollte meine Rassel rufen, als unerwarteterweise ein mir unbekanntes Wesen um meine linke Hausecke kam. Es trug einen herrlichen, mit schillernden Schuppen besetzten Umhang, dessen Kapuze sein Gesicht halb verdeckte. Hinten stand der Umhang etwas hoch, so als ob er dort einen Schwanz verdeckte. Ich setzte mich auf.

«So, du bist also die neue Einwohnerin?» sagte das Wesen mit einer rauhen, unangenehmen Stimme.

«Stimmt.»

«Und du bist die Samenträgerin?» Das verblüffte mich. Diesen Fremden kannte ich doch gar nicht.

«Und wie heißt du?» fragte ich zurück.

«Ich habe viele Namen, mehr als du dir merken kannst. Und du willst jetzt in die Unterwelt?»
Mir wurde unheimlich. «Wieso weißt du denn das?»
«Ich bin ein Geistwesen. Wir sind alle allwissend. Als Neuankömmling und Gespenst kannst du das natürlich nicht wissen.»
Das klang merkwürdig, ja verdächtig. Ich erinnerte mich daran, daß mein Freund, der Bote, ausdrücklich gesagt hatte, es gäbe hierzulande keine Allwissenden. Ich beschloß, die Unterhaltung lieber abzubrechen, als der Fremde fortfuhr:
«Die Unterwelt – ja, das ist eine merkwürdige und gefährliche Gegend. Es gibt dort einen Ort, wo blutrünstige Jaguare einen zerreißen. An einer anderen Stelle wird man zu Asche verbrannt. Und überall liegen Krankheiten und schreckliche Leiden herum, Geschwüre, Bluterguß, Knochenbrüche. Es sollte dir also wohl klar sein, daß du bei der Reise dorthin einen sachkundigen Führer brauchst. Also, du hast ausgesprochen Glück. Ich kann dir nämlich gut als Führer dienen.»
«Ich will dir mal was sagen», antwortete ich ärgerlich. «In der Unterwelt bin ich schon viele Male gewesen und habe das, was du da beschreibst, niemals gesehen. Ich brauche keinen Führer. Es wäre am besten, wenn du jetzt weggehst.»
Ich legte mich wieder hin, tat den linken Arm auf die Stirn und wollte eben meine Rassel rufen, als sich ein schweres Gewicht auf mich legte. Es war der Fremde, der zu meinem Entsetzen mir nun das tun wollte, was Männer mit Frauen machen. Ich fing an zu schreien. «Ich bin ein Gespenst! Ich habe doch gar keine Vagi-

na! Laß mich los!» Ich wollte ihn abschütteln, aber er war viel zu schwer. Dann hörte ich plötzlich ein Knurren, der Fremde stieß einen Schmerzensschrei aus, und das Gewicht lüftete sich. Ich machte die Augen auf, und da stand Großvater Bär da. Der Fremde baumelte am Vorderbein in seiner rechten Tatze. Wer mich hatte vergewaltigen wollen, war Gevatter Kojote! Sein schimmernder Umhang war auf die Erde geglitten, Bruder Wolf schnappte nach seinem Bein, und die Grille läutete und scholt abwechselnd.

«Blödes Weib», schimpfte Gevatter Koyote, «wir wollten doch nur ein bißchen Spaß haben. Mehr war doch da gar nicht dran.»

«Du meinst, du wolltest Spaß haben», knurrte der Bär. «Hast du sie gefragt?»

«Laß mich los, du hast kein Recht, mich so festzuhalten!»

Großvater Bär schüttelte ihn wieder. «Ich frage noch mal, hast du sie gefragt?»

«Wozu denn? Sie ist doch bloß ein Gespenst. Außerdem frage ich überhaupt nie.»

«Das wissen wir. Vielleicht solltest du das öfter einmal tun.» Und die Grille tat das Ihrige dazu. «Du hast sie auch noch angelogen. Ich weiß, wieso du überhaupt etwas von ihr gewußt hast. Die Nacht habe ich dich im Gebüsch herumlungern sehen, als wir beim Abendbrot saßen. Du allwissend? Das ist ja lachhaft.»

«Nur eine Redewendung. Schließlich kann doch jeder mal Reklame machen. Jetzt laß mich endlich los!»

Großvater ließ ihn recht unzart fahren. «Jetzt entschuldige dich bei ihr. Und als Entgelt gibst du ihr deinen Umhang.»

«Nicht meinen Umhang!» Großvater Bärs Knurren war nicht mißzuverstehen. «Na ja also – aber das ist keinesfalls fair!»

Während dieser ganzen Unterhaltung wand ich mich auf der Erde wie eine zertretene Ameise. Endlich konnte ich mich aufsetzen. Ich zitterte am ganzen Leibe, und mir war schrecklich kalt. Ich nickte nur, als Gevatter Kojote mit einem mürrischen «Entschuldige!» seinen glitzernden Umhang vor mir niedergleiten ließ, um sich dann in das nächste Arroyo hinter einem verkümmerten Baumwollbaum zu verdrücken.

Großvater Bär trat hinter mich und stützte mich mit seinem starken und doch weichen Bauch. Er roch wie ein wildes Tier, und seine Stimme klang freundlich und ermutigend. «Er tut das nicht wieder», sagte er. «Du bist so kalt! Komm, ich werde dich heilen, ja? Knie dich hin, du bist zu schwach zum Stehen!»

«Ruf deine Rassel», flüsterte die geliebte Stimme des heiligen Windes. Ich rollte meine Finger und legte sie über den Nabel. Dann rief ich meine Rassel: «Kling gut, kleine Schwester, kling süß!» Bevor ich die Augen zumachte, konnte ich Schwester Schlange durch meine Tränen sehen, und Bruder Dachs und der Wolf waren auch da, die Grille saß auf der Spitze des Zedernbusches. «Ich bin nicht allein», dachte ich dankbar.

Der Fluß, die Zedern und die kahlen Hügel färbten sich lila, und die Sonne war eine zartglühende goldene Scheibe. Großvater Bär stand immer noch hinter mir, aber ich konnte ihn auch sehen. Er trug eine Maske aus Papiermaché mit einer schwarzen Samtnase. Das sah komisch aus. Ich mußte lachen, mein Herz schlug rasend schnell, und mir war furchtbar heiß. Großvater Bär streichelte mir den Kopf, und ich verwandelte mich in einen kleinen Bären. «Laß uns laufen!» sagte er, aber dann war er plötzlich ein sich rasend schnell drehendes Feuerrad, und ich konnte ihn nicht einholen. Über den Kamm der Hügel zog ein Rudel Rehe, dann waren sie Rehtänzer, und ihr pulsierendes Tanzlied hallte von der hinter ihnen aufragenden Felswand wider. Ich wollte hinter ihnen herlaufen, aber ich fiel hin, so erschöpft war ich. Großvater Bär beugte sich über mich und leckte mich von oben bis unten mit seiner warmen, weichen Zunge ab. «Samenträgerin!» klang es aus der Ferne. «Samenträgerin!» Die Rassel war nicht mehr zu hören. Ich öffnete die Augen und stand auf.

Großvater Bär war nicht mehr da. Bis auf die Grille waren alle anderen auch weg. Mein Grillengeistlein saß auf Gevatter Kojotes Umhang und zirpte zufrieden.

«Geht es dir besser?» fragte sie. Ich nickte. «Großvater Bär will dich in die Unterwelt begleiten, wenn er dazu kommt, hat er gesagt.» Ich fand das fabelhaft. Ich habe zu gern Gesellschaft. «Kommt Bruder Wolf auch mit?»

«Ich glaube nicht. Aber ich habe etwas über ihn erfahren, das du vielleicht gerne wissen möchtest.» Ich war die paar Schritte zu meinem Haus gegangen und lehnte mich an die Adobewand, die von der Mittagssonne angewärmt war.

«Im alten Pueblo, da lebte Bruder Wolf», fing die Grille an, wie Pueblogeschichten gewöhnlich anfangen. «Er war dazu ausersehen, bei dem Kachinatanz mitzutanzen, eine große Ehre. Die Ältesten warnten die Tänzer, daß sie während der vier Tage, die der Tanz dauert, kein Mädchen anschauen durften.»

«Und er hat es doch getan?»

«Stimmt. Am dritten Tag. Er hat gemeint, niemand würde es wissen, aber dann ist ihm die Maske am Gesicht festgeklebt, und er hat sie nicht ablegen können. So wußten die Leute, was er getan hatte. Er hat sich geschämt, und vor Scham ist er gestorben.»

«Er hat eine Wolfsmaske getragen?»

«Nein, er erscheint nur hier als Wolf.»

Bruder Wolf war aus den Büschen herausgekommen und lag bei den Ringelblumen, die Nase auf den Pfoten.

«Wieso ist er denn nicht zum Teich zugelassen worden? Ich habe gemeint, hier gibt es keine ewige Verdammnis.»

«Ja, das stimmt. Du hast recht. Man hat ihn nur noch nicht eingeladen. Es wird behauptet, es gäbe eine Bedingung. Die Holzgeister müssen ihn mögen. Das ist noch nicht geschehen. Die Sache hat irgend etwas mit Federn zu tun, aber die Einzelheiten weiß ich noch nicht.»

Ich bekam plötzlich große Angst. Was würde geschehen, wenn die Holzgeister mich auch nicht mögen? Meine vierzig Tage sind vorbei, ich komme zum Teich, und dann heißt es, tut uns leid, du kannst nicht rein, denn wir mögen dich eben nicht! Und was tue ich dann? Wenn nur mein Büffelbruder hier wäre, damit ich ihn fragen könnte!

«Was kann er denn nun tun? Kann er nicht einfach hier bei euch bleiben?»

Es schien mir, als hörte ich einen etwas ungeduldigen Unterton, wie die Grille aufseufzte. «Kannst du dir vorstellen, wie das wäre? Auf immer als Gespenst herumlaufen mit einer Maske, die einem am Gesicht festgeklebt ist? Und ohne die geringste Möglichkeit, je zu einem Geist zu werden?»

Die Grille kroch mir ins Haar. «Mach dir keine Gedanken. Irgend etwas wird schon passieren. Einen Ausweg gibt es immer. Statt dich zu sorgen, laß uns etwas Spaß haben. Heb deine Arme, und wir fliegen den alten Fluß entlang.»

Das haben wir dann auch getan. Wir flogen davon, die Grille in meinem Haar und Bruder Wolf an meinem Rockzipfel. Ich war froh, daß er wenigstens nicht beschlossen hatte, zurückzubleiben und allein zu trauern. Wir kamen an einigen alten Zedern vorbei, die sich mit einer nackten Wurzel am zerbröckelnden Sandufer festgeklammert hatten, als sei sie ihr großer Zeh. Eine Zeder schaute uns mit einem zerfurchten Greisengesicht nach. Der Greis hatte eine knollige Keule in der Hand, so als wolle er Hasen jagen, aber ich sah keine Wildkaninchen. Behäbig breiteten sich die Äste eines Apachenkopfschmuckbusches über eine langgestreckte Sandbank, in jeder Blüte das winzige Gesicht eines Kriegers. Ich machte kurz die Augen zu, und dann waren die Gesichter verschwunden. Schließlich kamen wir an eine Stelle, wo ein Arroyo in spitzem Winkel in den Fluß mündete. In der Vertiefung wuchs ein dickes Schilfbündel. Ich faltete die Arme, und sachte sanken wir unmittelbar davor in den Sand.

«Grille, schau dir das bloß mal an! Das kann doch nicht wahr sein! Schilf in der Wüste?» Ich ging näher heran, teilte die hohen, schlanken Halme und erstarrte voller Überraschung. Vor mir breitete sich die schillernde himmelblaue Oberfläche eines kreisrunden kleinen Teiches aus, dessen Spiegel nur ganz hinten von den Blasen des Quellenwassers, das ihn speiste, bewegt wurde. Zu meiner Linken, fast verdeckt vom dichten Schilf, stand ein indianischer Ältester neben einem Stock von blauen Bergglockenblumen. Sein Gesicht war mit blauen, senkrechten Streifen bemalt, er trug blaue seidene Hosen und ein mit blauen Astern besticktes Hemd. Vor ihm stand eine große Trommel auf einem einzigen Bein, bemalt mit der Abbildung von Avanyu, der Regenschlange, ebenfalls in Blau. Im gleichen Augenblick, als ich das Schilf geteilt hatte, hob er den Trommelschläger hoch und fing an, zum Trommelschlag zu singen:

> *Heya ho ho, heya ho,*
> *Avanyus blaue Kinder*
> *Heya ho ho, heya ho,*
> *Quellenkinder,*
> *Sie steigen auf.*

Beim ersten Ton des Liedes tauchte ein junger Mann aus dem Wasser auf, so als würde er von den Blasen der Quelle hochgehoben. Er trug den üblichen bestickten kurzen Rock und einen mit Kaurimuscheln besetzten Ledergurt quer über die blau bemalte Brust. Seine Arme und das Gesicht waren ebenfalls blau bemalt. In der einen Hand trug er eine blaue Kürbisrassel und in der anderen einen Strauß blauer Astern. Ein Mädchen in weißer Manta, die die linke Schulter freiließ, folgte ihm. Sie hatte eine wunderschöne Tablita auf dem Kopf, auf der eine blaue Aster mit zwei blauen Vögeln abgebildet war, darüber eine schmale Regenwolke, die aufgehende Sonne und drei als Kivastufen dargestellte Pyramiden. Sie war ebenfalls blau angemalt und hatte eine blaue Rassel in der Hand. Es folgten noch fünf Paare, und sobald jedes völlig aus den Blasen der Quelle aufgestiegen war, begann es auf der Wasseroberfläche zum Takt der Trommel des Ältesten zu tanzen.

Langsam, um das Schilf nicht zu bewegen, setzte ich mich hin, um zuzuschauen. Wie auch während eines Pueblotanzes in der gewöhnlichen Wirklichkeit tanzte die Truppe eine sorgfältig geübte Choreographie, wobei sie erst eine gerade Reihe formte, dann zwei Kreise, die sich unversehens wieder in die Paare auflösten. Jedesmal, wenn die Tänzer am Ältesten vorbeikamen, erhoben sie ihre Rassel und grüßten ihn mit einem besonderen schnellen Rasselsignal. Viermal führten sie den Tanz aus, dann drehten sie sich, und nacheinander versanken sie in die Wasserfläche bei der Quelle. Als der letzte Tänzer verschwunden war, schulterte der Älteste seine Trommel und wollte ihnen folgen, aber in dem Augenblick erhob sich Bruder Wolf, und mit einigen Sprüngen landete er unmittelbar vor dem Ältesten.

«Grille», flüsterte ich, «was soll das bedeuten? Was macht Bruder Wolf da?»

Aber die Grille antwortete nicht. Statt dessen hauchte der heilige Wind mir ins Ohr: «Bruder Wolf erzählt dem Großvater des Blauen Wassers, daß man ihn beim großen Teich nicht zugelassen hat. Er sagt, er sei es müde, immer nur herumzustreifen, und ob er ihm nicht erlauben würde, statt dessen in den Blauen Teich zu kommen.»

Offensichtlich zögerte der Großvater des Blauen Wassers, als ob er sich die Bitte überlegen müsse. Dann sagte er etwas, was ich nicht deutlich hören konnte, schüttelte den Kopf, rückte seine Trommel zurecht, ging mit zögernden Greisenschritten über die glänzende Wasserfläche und versank in der Quelle, während Bruder Wolf leise winselnd am Teichufer kauerte. «Der Großvater des Blauen Wassers hat Bruder Wolf gesagt, er habe ihm keine Federn gebracht, deshalb könne er nicht zugelassen werden», fügte der heilige Wind hinzu. Die Grille erzählte später, Bruder Wolf habe überall nach Federn gesucht, habe aber die richtigen nicht finden können.

Großvater Bär kam erst am nächsten Tag vorbei, einen Tag bevor Büffelbruder wiederkommen wollte. Ich war in einem tiefen Arroyo, da gab es einen mächtigen Stein, der von oben bis unten von Eisenkies glitzerte. Es machte meiner kleinen Grillenschwester Spaß, sich darunter zu verstecken, und ich sollte sie dann suchen. Ich saß aber lieber oben auf dem alten Stein und hörte seinem tiefen Summen zu. Es war ein Lied ohne Worte, eine Weise vom Alter, von Zeitlosigkeit, ein braunes Gebrumm, durchdrungen von dem Duft feuchter Erde.

Eine kleine Schar geschwätziger Eichelhäher ließ sich in einem russischen Olivenbaum in der Nähe nieder, um sich die Neuigkeiten des Tages zu erzählen. Ein Kolibrischwarm sei auf seinem Weg nach Süden vorbeigekommen, und die aufdringlichen blauen Bergdrosseln hätten hier gestern auf ihrer Wanderung haltgemacht und allen das Futter weggefressen. Das sei doch recht ärgerlich, hieß es. Dann hörte ich das vertraute Flüstern im Ohr. «Großvater Bär ist da», sagte der heilige Wind. Ich rief die Grille, aber sie hatte keine Lust, mit in die Unterwelt zu fahren. «Da ist es mir immer kalt», behauptete sie. Also dankte ich Vater Stein für sein Lied, hob die Arme und landete vor meinem Haus. Großvater Bär wartete tatsächlich bei den Ringelblumen. «Hol deinen Umhang», sagte er, «die Unterwelt ist gewöhnlich etwas kühl.»

Ehrlich gesagt, hatte ich mir vorgenommen, die Entschädigung von Gevatter Kojote niemals anzurühren, aber man kann einen Vorschlag von Großvater Bär nicht mißachten. Ich holte das Ding also vom Hängebalken in meinem Haus, legte mich hin, deckte mich zu und tat meinen linken Arm auf die Stirn. Dann rief ich die Rassel.

Es ergriff mich ein Wind und wirbelte mich rund und rund. Ich meinte schon, mir würde völlig schwindelig. Dann roch ich Großvater Bär und fühlte, wie er seine Arme um mich legte. Zusammen rutschten wir in einen unendlichen dunklen Tunnel. Die Dunkelheit löste sich in tanzende schwarze Ringe auf, dann wurden die Ringe glühend gelbgrün. Wir fuhren langsam weiter und eine Weile blieb alles dunkel. Ich konnte einen kalten Luftzug auf der Brust fühlen. Sichtbar, aber nicht sehr klar erschien eine Riesenkatze und sperrte ihr Maul auf, neben ihr tauchten die Gesichter anderer Tiere auf, eines Hasen, dann einer kleinen Maus. Endlich ging die Sonne auf, aber wie hinter dichtem Nebel. Ich befand mich auf einer weiten grünen Fläche. Auf dem Gras lag ein schmales, hellgelbes, mit einem blauen Muster verziertes Boot. Das könnte dem Großvater des Blauen Wassers gut gefallen, dachte ich. Ich wollte es mir näher anschauen, aber einer der blauen Tänzer tauchte plötzlich auf und faltete es zusammen wie einen Sack. Er hob einen Stab, aus dem in alle Richtungen Funken stoben. Die Sonne war weg, es war wieder dunkel, und die Funken umrahmten ein Loch mitten in der Finsternis. «Laß uns durchschlüpfen», sage Großvater Bär. Auf der anderen Seite war das Dunkel weich und hatte einen Anflug von samtenem Rot. Rechts von mir befand sich ein niedriges Gebäude. Ich bemerkte es erst, als ich schon nahe dabeistand und die geschlossenen Fensterläden sah. Es ergriff mich eine mächtige, süße Sehnsucht. «Da möchte ich unbedingt hinein», sagte ich zu Großvater Bär. «Was ist da hinter diesen Fensterläden?» «Die Gastwirtschaft deiner Großmutter», antwortete er, «und deine Kindheit. Da kannst du erst hinein, wenn du ein Geist geworden bist.» Er nahm mich bei der Hand, und ich wurde zu einem Habicht und flog über das Land. Ich streifte über eine Schlucht, da saß ein Geier. Er hatte eine komische Kappe schief auf dem Kopf, und er lächelte. Da war ich kein Habicht mehr, sondern eine Frau. Hinter ihm tanzte eine Gruppe von Mädchen auf einer flachen Sandfläche, es tönte keine Trommel und kein Lied, und ich konnte nur ihre rötlichbraunen Röcke sehen. Jeder Rock trug in der Mitte einen faustgroßen Türkis. «Kachinas», hörte ich Großvater Bärs Stimme sagen.

Plötzlich fühlte ich, wie etwas meine Stirn berührte, und ich erschauderte. «Büffelbruder ist da!» rief ich. Großvater Bär war weg, und ich befand mich auf der untersten Stufe einer riesigen, in den Fels gehauenen Treppe. Ganz oben im Gewölbe bildete ein kleines orangegolden glühendes Tor den Abschluß. Ich flog die Treppe hinauf und krachte durch den goldenen Ausgang.

«Wohin so eilig, Samenträgerin?» hänselte Büffelbruder, indem er den Umhang, unter dem ich noch lag, mit komischer Vorsicht lüftete.

Ich setzte mich hin, noch ein wenig benommen.

«Du hast mich gerufen.»

«Ho, ich muß zugeben, deine Sinne sind ziemlich scharf», lachte er. «Na ja, wenigstens für ein Gespenst.»

Als wir später wieder in meinem Haus vor dem Feuer des Aschenburschen auf dem Büffelfell saßen, fing Büffelbruder das Gespräch mit der Bemerkung an:

«Du hast also Krach mit Gevatter Kojote gehabt?»

Ich weiß nicht, ob Gespenster erröten können, aber ich hatte ganz entschieden das Gefühl, daß es mir passierte.

«Er ist böse», sagte ich ärgerlich.

«Du weißt selbstverständlich, daß das nicht stimmt. Hier gibt es keine bösen Geister.»

Natürlich war mir das klar, jedenfalls theoretisch. Beim Unterricht hatte ich das auch immer wieder betont. Aber es ist etwas ganz anderes, wenn man plötzlich einem so hinterlistigen, unzüchtigen Wesen persönlich gegenübersteht. «Wie rechtfertigst du es dann, daß so jemand hier herumlungert?» fragte ich immer noch recht aufgebracht.

Büffelbruder nahm seine Trommel zur Hand. Nachdenklich gab er einen langsamen Takt an und begann zu singen:

> *Heya, heya, heya, ho*
> *Alles ist dunkel*
> *Atem des Himmels*
> *Alles ist dunkel über dem Wasser.*
> *Heya, heya.*
>
> *Heya, heya, heya, ho*
> *Alles ist dunkel*
> *Wesen der Macht*
> *Alles ist dunkel über dem Wasser.*
> *Heya, heya.*
>
> *Heya, heya, heya, ho*
> *Alles ist dunkel*
> *Erde vom Schaum*
> *Alles ist dunkel über dem Wasser.*
> *Heya, heya.*
>
> *Heya, heya, heya, ho*
> *Alles ist dunkel*
> *Erde gebiert Himmelsfrucht*
> *Gevatter Kojote schreitet über die Wolken.*
> *Heya, heya.*
>
> *Heya, heya, heya, ho*
> *Alles ist dunkel*

Die Wesen stolpern
Gevatter Kojote stiehlt die Sonne.
Heya, heya.

Heya, heya, heya, ho
Alles ist hell
Die Wesen tanzen
Gevatter Kojote lügt wie immer.
Heya, heya.

Büffelbruder lachte beim Ende seines Liedes. Ich wollte bemerken, daß die Chaostheorie oft zur Sprache kam, als ich noch Mensch war, und daß diese Geschichte mit Gevatter Kojote darauf zu passen schien wie die Faust aufs Auge. Aber anscheinend wußten die Geister das alles sowieso schon seit Urzeiten. Also sagte ich lieber gar nichts, ließ das Lied in mir nachklingen mit seiner kosmischen Einsicht und schaute den flackernden Flammen zu. Dann erzählte ich Büffelbruder, wie der Großvater des Blauen Wassers Bruder Wolf zurückgewiesen habe, weil er ihm keine Federn darbringen konnte.

«Er braucht ganz besondere Federn, und die sind schwer zu finden», erklärte Büffelbruder. «Sag mal», fragte er dann, während auch er den Flammen zuschaute, «warum willst du eigentlich zum Teich zugelassen werden?»

«Als ich noch klein war, hat mir das Kindermädchen davon erzählt, wie sie sich den Himmel vorstellt. Da gäbe es eine blumige Wiese, die Vögel singen, und alle Leute sind glücklich. Da wollte sie nach dem Tode auch hin. Vielleicht denke ich mir das Land unter dem Teich ähnlich, nur eben die Wüste statt der Blumenwiese, mit blühenden Hasensträuchern und zirpenden Zikaden ...»

«Und mit ältlichen Puebloindianern mit Engelsflügeln und einer Harfe?» spöttelte Büffelbruder. «Komm, Samenträgerin, laß uns hinausgehen. Die Grille hat schon das Abendbrot gebracht.»

«Bleibst du diesmal länger?» fragte ich, während ich mir von dem blauen Maisbrei nahm.

«Das hängt nicht von meinen Wünschen ab.»

«Das verstehe ich nicht. Wieso eigentlich nicht? Du bist doch so mächtig, eins der Ersten Wesen, sagt die Grille. Wieso kannst du nicht selbst entscheiden, wo du sein willst?»

Büffelbruder blieb geduldig. «Es handelt sich wieder um eine Regel», lächelte er. «Schönheit, Harmonie, Ausgewogenheit, das war der ursprüngliche Traum. Ohne den Traum hört das Leben auf. Leider zerstören die Menschen immerzu dies kosmische Gleichgewicht.»

«Hoffnungslos, nicht?»

«Nein, eigentlich nicht. Wir müssen nur immer weiter daran arbeiten. Die Harmonie kann im Ritual stets wieder neu erstehen. Darum laden wir auch immer wieder ausgewählte Menschen zu unserer Seite ein und schenken ihnen Rituale zu diesem Zweck.»

«Menschen können sich selbst keine Rituale ausdenken?»

«Sicher können sie das. Nur sind das dann keine heiligen Rituale. Die wirklich heiligen sind immer ein Geschenk der Geisterwelt. Aber wenn das Ritual auch seine Wirkung haben soll, müssen es die Menschen und die Geister gemeinsam vollziehen. Wenn die Menschen uns also zu einem Ritual laden, dann haben wir die Verpflichtung, dabei zu erscheinen.»

«Wenn du also plötzlich nicht mehr da bist, dann gehst du darum weg?»

«Gewöhnlich.»

«Und ich habe tatsächlich gemeint, der Bote sei ein wenig so ein Wichtigtuer, wie er behauptet hat, du seist im Augenblick unabkömmlich.»

«Wenn du ihn das nächste Mal siehst, solltest du dich vielleicht bei ihm entschuldigen», lächelte Büffelbruder.

Nach dem Essen waren wir im verblassenden Sonnenschein des späten Nachmittags bis nahe zum Wipfel des Berges des Steinernen Mannes geflogen, Büffelbruder, die Grille, Bruder Wolf und ich, und saßen inmitten der schlanken, glatten, grauen Stämme einer Espengrotte. Ein leichter Wind ließ das Laub über uns erzittern.

«Vielleicht verschwindest du wieder so plötzlich wie das letzte Mal», sagte ich zu Büffelbruder. «Wenn das der Fall ist, wann kommst du dann wieder?»

Ein schmales Espenblatt, vom Herbstatem vergilbt, hatte sich in meinem Haar gefangen. Büffelbruder pflückte es ab, schaute es nachdenklich an und sagte langsam:

«In einigen Tagen ist es Neumond. Die Arikara nennen diese Mondzeit die Zeit ‹der fallenden Blätter›. Erwarte mich beim Neumond.» Er stand auf, trat zwischen die Espen und war verschwunden.

Auf der Erde im trockenen Espenlaub raschelte eine Wühlmaus mit weißem Wänstchen und glänzenden schwarzen Augen unter großen runden Ohren. «Es kommt jemand», quiekste sie. Sie hatte recht. Es kämpfte sich tatsächlich eine Gestalt durch das hohe, dürre Gras. Das kann nur der Bote sein, dachte ich. Und richtig, gleich darauf tauchte seine runde Form, grün und glänzend, aus dem braunen Gras auf.

«Ich habe eine Botschaft», keuchte er, «eine höchst wichtige Person, sie ist zu Besuch gekommen. Sie wartet auf dich in deinem Haus. Schnell, schnell!»

«Kommst du auch?» fragte ich, während ich die Grille in mein Haar setzte und Bruder Wolf zunickte, er solle sich festhalten.

Er schüttelte den Kopf. «Nein – ehrlich gestanden, habe ich Angst vorm Fliegen. Außerdem muß ich auch berichten, daß sie gut angekommen ist. Also bitte, beeile dich!»

Ich hob die Arme und überlegte mir beim Abflug, wem er Bericht zu erstatten hatte und vor allem, wer der wichtige Besuch wohl sein mochte?

Bei der Ankunft schaute ich mich bei den Ringelblumen um, aber es war niemand zu sehen. Ich klomm die Leiter hoch, und da auch auf dem Dach niemand zu sehen war, fing ich an, durch das Schlupfloch ins Haus hinunterzuklettern. Aber im Haus war auch niemand. Das schräge Abendlicht beleuchtete nur eine herrliche große Spinne, die ich bisher nicht bemerkt hatte und die in der Ecke emsig ihr Gewebe spann. Ihre sandfarbigen, mit weißen Borsten besetzten und mit braunen und orangefarbenen Bändern gezierten Beine bewegten sich anmutig an den Fäden entlang. Der untere Teil ihres Körpers war rosabraun, die Farbe ging weiter oben auf dem Buckel in ein zartes gelbliches Weiß über, wo eine Maispflanze abgebildet war. Ihren Kopf konnte ich nicht sehen, weil sie ein Bündel auf dem Rücken trug. Ich nahm an, darin trüge sie nach Spinnenart ihre Brut, ehe sie sie in die Welt entläßt.

«Guten Abend, Frau Spinne», grüßte ich höflich.

Bei dem Ton meiner Stimme schien sie steif zu werden. Ihre geschäftigen Beine hielten inne. Dann tat sie etwas, was ich schon bei der Grille bewundert hatte, nur in umgekehrter Reihenfolge. Die Grille hatte ihr schwarzes Gewand von hinten nach vorne über ihren Lichtkörper gezogen, um mir ihr Grillentum vorzuführen. Statt dessen rollte die Spinne ihr haariges Kleid nach hinten zusammen, und was dann zutage trat, war nicht ein flickerndes Licht, sondern eine schlanke, hohe, grauhaarige Indianerin in einem bestickten Hemd, die eine Markttasche in der Hand hielt.

«Olah kiik», sagte sie auf Maya, «grüß dich, jüngere Schwester.»

Ich hielt mich an der Leiter fest, um nicht vor Überraschung in Ohnmacht zu fallen. «Ussa?» fragte ich schließlich und traute meinen Augen nicht. Sie nickte. Ussa, meine geliebte Maya-Freundin, die einzige, die mich je «jüngere Schwester» genannt hatte. Sie war vor Jahren gestorben, und das hatte in meinem Leben eine sich nie mehr schließende schmerzhafte Lücke hinterlassen.

«Man hat mir berichtet, daß du keine Hängematte hast», sagte sie in ihrer bestimmten Art, die ich so gut kannte, «also habe ich dir eine mitgebracht.» Sie zog sie aus ihrer Markttasche, und sachverständig knotete sie die Stricke über die Querbalken. Dann zog sie das

Gewebe auseinander, die Einladung, daß ich mich setzen sollte.

Das tat ich dann auch, und saß ihr nun gegenüber in der von dem Gewebe geformten Vertiefung und konnte immer noch nicht fassen, daß sie da war. «Ussa», sagte ich schließlich, «wie ...?»

«Ich hatte ein Gerücht gehört», zuckte sie die Achseln. «Es hieß, du bist angekommen. Da habe ich gebeten, ich wollte dich besuchen. Aber mein Gesuch wurde abgelehnt. Du weißt, die Männer.»

«Dann hast du dich rausgeschlichen?»

«Nicht eigentlich. Aber ich habe zu meiner Überraschung eine kleine Lichtglocke entdeckt, in einer verlassenen Ecke unserer Mauer.» Das war also des Rätsels Lösung! Mein Grillengeistlein hatte mich mehrmals nach Yukatan begleitet. Folglich kannte sie Ussa. Darum war es auch wohl, daß es öfter einmal nicht zu finden war, wenn ich es suchte.

«Was hat die kleine Glocke denn zu sagen gehabt?»

«Es gäbe da diese Frau Spinne, die sei sehr mächtig, so eine Art Hexe, weißt du. Und wenn ich den Mut hätte, dann könnte ich in ihr Gewand schlüpfen. Es brauche es ja niemand zu wissen.»

«Danke dir, Grille», sagte ich der Ecke zugewandt, wo sie in einer Spalte im Gemäuer am Läuten war. Ich meinte, ich hörte ein winziges Gekicher.

Es ist gut eingerichtet, daß Gespenster und Geister keinen Schlaf brauchen, denn wir schwatzten die ganze Nacht.

«Ich wußte, daß du dich mit den U Yum Coli, den heiligen Großvätern der Maisgärten, angefreundet hattest und deshalb nicht zu uns kommen würdest.»

«Wie hast du denn das entdeckt? Du wolltest doch nichts mehr mit der Welt der Großväter zu tun haben, weil du dem neuen Glauben Treue versprochen hattest. Ich habe es immer vor dir verheimlicht, um dich nicht traurig zu machen.»

Sie lachte tief in der Kehle, wie das ihre Art war. «Ich habe dich eines Morgens durch das Gitter meiner Küche belauscht, wie du gefrühstückt hast. Du hast ein kleines Speiseopfer gestreut, und da sind sie gekommen.»

Ich war überwältigt. «Du hast sie gesehen?»

«Ich nicht, aber meine Katze. Sie ist zu dir gekommen, sie hat die Pfoten vorsichtig hochgehoben, um ja kein Geräusch zu machen, und ihre Augen waren wie glühende Kohlen.»

«Du hast nichts gesagt.»

«Ich wollte dich auch nicht traurig machen.»

«Und wie geht es dir nun jetzt, ich meine, an dem Ort, wo du jetzt bist?» Ussa schaukelte leicht die Hängematte.

«Keine plündernden Soldaten. Ich habe endlich vergessen, wie verbranntes Menschenfleisch riecht. Keine Sorgen. Kein Hunger. Keine Krankheit und keine Schmerzen.»

«Siehst du auch manchmal Fremde? Ich dachte, vielleicht meine Mutter? Sie ist gestorben, als ich noch jung war.»

«Nein, eigentlich nicht. Sie ist sicher in einem anderen Teil. Wir sind unter uns. Allerdings kommen viele an, die nicht richtig getauft worden sind. Du weißt, nicht untergetaucht, nur mit ein paar Wassertropfen auf den Kopf. Ich gehe öfter mal zu ihnen hinüber, um zu schwatzen, über ihr Leben, derlei Dinge. Aber den Männern ist das nicht recht.»

«Wie ist das denn mit den Männern? Ist dein Mann schon angekommen?»

«Ja, endlich. Er war stets etwas langsam.» Wir lachten beide. «Er brauchte immer einen halben Tag, um auf dem Markt einen einzigen gebratenen Fisch zu kaufen», erinnerte ich sie.

«Und er hat gleich angefangen, das Spiel der Männer mitzumachen. Genau wie früher. Nur sind sie jetzt höflicher: Nein, geliebter Bruder, ich gehöre, wie du wohl verstehst, auf eine höhere Wolke als du ... Aber nein, geliebter Bruder, ich habe den Eindruck, daß du dich da irrst ... du wirst dich erinnern, als ich noch Mensch war ...» Sie grinste schelmisch.

«Vermißt du etwas?»

«Vielleicht den Geruch vom Markt. Meine Blumen. Und die Tiere. Stell dir vor, wir haben überhaupt keine Tiere! Keine Singvögel, keine Fasanen, keine Truthähne und keine Rehe. Nicht einmal ein Ferkel. Vor allem fehlt mir das Gefühl der Erde an den Händen. Ich soll keinen Garten anlegen.»

Ich legte meine Hand neben die ihrige, wie wir das so oft auf unseren endlosen Autobusfahrten getan hatten. Meine Hand war gedrungen und weiß, die ihrige braun, graziös und schlank, schmaler als meine und länger. Es war eine schweigende Erklärung der Freundschaft. Wir lächelten einander an in wortloser Erinnerung.

«Komm, laß uns einen Garten machen», schlug ich vor.

Sie wählte eine flache Stelle neben meinem Haus,

wo nichts wuchs außer einem Feigenkaktus in der linken Ecke. Sie langte in den groben Sisalsack, den sie nun in der Hand trug, und holte einige Samen und einen kurzen Stab hervor. Ich schaute ihr zu, wie sie sich bückte und anfing, Löcher in die Erde zu graben, und erlebte dabei eine merkwürdige Verschiebung der Wahrnehmung. Sie hatte sich in einer geheimnisvollen Weise verändert. Sie war immer noch Ussa, aber gleichzeitig war sie auch umgeben, eingehüllt von dem unsichtbaren und dennoch wahrnehmbaren, wirklichen und doch flüchtigen Fluidum der Spinnenfrau.

Völlig in sich ruhend, ließ Ussa vier Maiskörner in jedes der sechs Löcher fallen, die sie gegraben hatte. Dann pflanzte sie schwarze Bohnen und je zwei flache, saftige, zartweiße Kürbiskerne rund um jedes Maisloch. «Fertig», sagte sie, wieder ganz Ussa, «es ist nicht viel, aber es ist etwas.» Das war ihre stehende Redensart, als wir noch beide Menschen waren. Aber sie blieb nicht lange Ussa. Sie fing zu summen an, ein feines Trommelsignal erhob sich aus den Tonkrumen des Gartens, und dann begann sie zu singen, und jenes Tiergeistfluidum umgab sie wieder, so daß sie nicht mehr ganz die Ussa war, die ich gekannt hatte.

Huana, huana, huana-ho,
Am roten Morgen
Kleidet sie ihre Mutter.
Sie kleidet sie in Schönheit,
Die drei Schwestern.

Huana, huana, huana-ho,
In dem kleinen Garten

Wachsen sie heran,
Maisschwester, Kürbisschwester, Bohnenschwester,
Die drei Schwestern wachsen.

Zu dem Klang des Liedes fingen die fest eingerollten Maishalme durch die Knollen zu brechen, die saftigen Keimblätter der Kürbisse und die ersten beiden Wirbel der Bohnen mit ihrer gespaltenen Mutter auf dem Rücken, und streckten sich in die Höhe. Noch ein Augenblick, und Ussas Pflanzung war ein grünender Garten in der braunen Wüste.

«So», sagte sie, «nun werde ich mich baden.» Richtig, so war das stets bei ihr gewesen, ein Bad jeden Abend, und manchmal auch noch zwischendurch ein Bad. Es hatte immer ein Bad gegeben.

Ich zögerte verlegen. «Weißt du, ich kann dir ja kein Bad anbieten. Du mußt verstehen, ich bin nur ein Gespenst ...»

Sie hörte mir gar nicht zu. Statt dessen machte sie mit der Hand eine kreisförmige Bewegung, und es erschien das ovale Weidengertengerüst einer Schwitzhütte. Noch eine Geste, und es war mit Fellen bedeckt, mit einer niedrigen Öffnung nach Osten. Noch eine, und glühende Steine rollten durch die Öffnung. Ussa war fort, die Öffnung war zu, und aus dem Inneren der Schwitzhütte drang das Zischen des Wassers heraus, wie es sich in Dampf verwandelte, der Salbeiduft, und Bruchstücke des Gebets, Mutter Erde ... Vater Himmel ... Großvater Feuer ... Nordwind ... Wind ... Wind ... und das Geflüster des Dampfes, die Antwort der Mutter Erde an ihre Tochter.

Plötzlich war die Schwitzhütte verschwunden. In der

Feuerkuhle, zwischen den geschwärzten Steinen, krabbelte die gelblich-rote Spinne mit dem Abbild der Maispflanze auf dem Rücken hervor. Sie trug ihr kleines Bündel auf dem Rücken und kletterte an einem einzigen grünen Seidenfaden himmelwärts, so als sei er ihr Kletterseil, das mitten an der Himmelskuppel angeheftet war. Sie wurde immer kleiner, dann war sie verschwunden, und an ihrer Stelle erschien neben der untergehenden Sonne eine vergoldete runde Wolke am Himmel. Aus ihr breiteten sich die Speichen eines riesigen Spinnengewebes über den Himmel aus, nach Norden, Osten, Süden und Westen, eine Kundgebung der kosmischen Erhabenheit der Spinnenfrau.

«Was ist bloß los mit dir?» fragte die Grille inmitten ihres lustigen Gezirps. «Seitdem Ussa fort ist, tust du nichts wie Trübsal blasen und Trübsal blasen. Gespenster sollen lustig sein, das weißt du hoffentlich!»

Wir hatten die Nacht damit verbracht, auf Fledermäusen herumzufliegen. Wir klammerten uns an ihr weiches Fell, um nicht herunterzufallen, und jauchzten bei jedem wilden Sturzflug. Wie geschwind ging das, wie sie hin und her schossen! Aber beim ersten Morgenlicht waren sie fortgeflogen, um in den Hügeln, wie sie erzählten, kopfunter in einer verlassenen Scheune zu hängen. Wir sollten mitkommen, aber ich hatte keine Lust. Ganz plötzlich war meine Begeisterung entwichen wie das Gas aus einem angestochenen Luftballon. Ussa war fort, daran ließ sich nichts ändern.

«Du bist schon wieder am Trübsal blasen», wiederholte die Grille. Wir befanden uns oben im Hemi-Gebirge inmitten angekohlter und geborstener Baumstämme, Zeugen eines kürzlichen Waldbrandes. Sogar die Erde war geschwärzt, nur an einer Stelle glänzte ein gelber Fleck. Als ich näher hinschaute, war es ein Stück Ocker, das jemand im Vorbeigehen verloren hatte. «Schau nur mal, wie hübsch», sagte ich und hob es auf. Spielerisch warf ich es aus der einen Hand in die andere und tat es dann in meine Tasche. Nun ging ein leichter Lufthauch, er kündigte die Ankunft der Mädchen und Burschen der Morgenröte an. Ihr schwarzes Haar flog im Wind, und sie winkten uns im Vorbeirennen zu, aber sie konnten nicht zum Plaudern bleiben, sie mußten auf ihren goldenen Mokassins weitereilen, damit die Strahlen des Sonnenvaters sie nicht einholten.

«Ussa ist einfach weggegangen», klagte ich und schaukelte auf einem trockenen Zweig, den der Wind der Morgenröteläufer bewegt hatte und der immerzu «kriek, kriek» machte.

«Sie konnte doch nicht anders. Die Spinnenfrau hat sie gerufen. Der Spinnenfrau gehorcht man. Außerdem hätte man ja auch bei Ussa zu Hause entdeckt, daß sie nicht da ist. Du glaubst nicht, wie gemein die Leute da zueinander sind. ‹Wenn du das tust, dann sorgen wir dafür, daß du doch noch in die Hölle kommst›, so geht das immerzu. Das habe ich selbst gehört, als ich da auf der Mauer herumspioniert habe. Ich habe keine Ahnung, was die Hölle ist, aber was Nettes kann es auf keinen Fall sein.»

«Sie hätte zum Abschied wenigstens so etwas sagen können wie ‹Gott segne dich›, wie sie das sonst immer getan hat.»

«Es war ihr sicher klar, daß das hier nicht passend gewesen wäre.»

«Ich habe zugesehen, wie man sie in den Himmel hochgezogen hat. Vielleicht ist sie immer noch da. Laß uns hinaufgehen, ja? Ich könnte wenigstens versuchen, sie zu finden, um mich von ihr zu verabschieden. Kommst du mit?»

«Meinetwegen», sagt die Grille, und es klang fast wie ein Seufzer. «Mit dir kann man überhaupt keinen Spaß haben, wenn du in dieser Stimmung bist.»

Ich fand einen Hügel mit dem richtigen Winkel zur Geraden, legte mich drauf und streckte die Arme wie vorgeschrieben aus, den linken steif, den rechten leicht gewinkelt. Die Grille versuchte zunächst, sich in meiner linken Hand zu verstecken, aber die war ihr zu steif, also kroch sie in die Falten meiner rechten. Ich rief meine Rasselschwester, und es ging los.

Es traf mich ein Lichtstrahl, der hob mich empor und war ein Adler. Der verschluckte mich, und ich konnte nun durch seine Augen schauen. Er kreiste über das Land, und unter uns glänzte ein Teich. Ich konnte den Schatten des Adlers in der klaren Wasserfläche widergespiegelt sehen. Dann waren wir über einem Hochplateau. Es schien die Sonne und beleuchtete zwei Gestalten in einem glänzenden hellgrünen Schlafsack. Ihre Körper waren unter der Bedeckung nach auswärts gebogen. Neben ihren Köpfen lag jeweils ein Geweih, so als hätten sie es vorm Einschlafen wie einen Federschmuck abgelegt.

Ich weiß nicht, ob mich der Adler ausgespuckt hat, jedenfalls befand ich mich plötzlich in einem riesigen, aus rosa und gelben Wolken aufgetürmten Gebirge. Auf einem Bergrücken folgten sich ungezählte Regenbogen und formten einen Tunnel aus einem farbenfrohen Torbogen nach dem anderen. Ich flog hindurch, und beim Berühren gab jeder Bogen seinen eigenen Laut ab. Die Töne klangen miteinander wie die Akkorde einer riesigen himmlischen Harfe. Dann wurde ich noch höher hinaufgetragen. Ich konnte das glitzernde Erdenrund sehen, umgeben von einem Kranz tanzender Geister. Aber ich will ja gar nicht die Erde sehen, rief ich aus, nur Ussa, nur Ussa! Daraufhin fing ich an hinabzusinken, immer tiefer in die Wolken. Es erschien ein Pfad, dem folgte ich und sah unmittelbar vor mir zwischen zwei Felsen eingeklemmt ein Spinnenauge, das mich anblitzte. «Geh nicht näher», flüsterte mir der heilige Wind ins Ohr. Aber ich tat trotzdem einen großen Schritt vorwärts. «Ussa», rief ich und streckte die Arme nach ihr aus, «leb wohl, leb wohl!» Ich tat einen weiteren Schritt, die Wolken gaben nach, und ich stürzte Hals über Kopf in die Untiefe.

Endlos umgab mich nur das Dunkel und das Nichts. Dann hörte ich wie aus unendlicher Ferne die Stimme meines lieben Grillengeistleins. Sein sonst so fröhliches Geläut klang traurig, so als würde es wehklagen. «Grille», seufzte ich, «Grille, wo bist du?» Langsam wich das Dunkel, und ich befand mich wieder am Abhang unter den verkohlten Bäumen. Die Grille saß auf meiner Brust, ein schluchzendes Tröpfchen Licht.

«Was ist denn passiert?» fragte ich und faltete die Arme unterm Kopf.

«Das war etwas ganz Törichtes, was du da getan

hast», schalt sie. «Du hättest dich der Frau Spinne nicht nähern sollen.»

«Das war Ussa», behauptete ich und fügte siegesbewußt hinzu, «und ich habe ihr doch Lebewohl gesagt!»

«Und dabei hättest du umkommen können. Andere, die durch das Loch im Himmelsgewölbe gefallen sind, haben das nicht überlebt. Das ist in den alten Geschichten völlig klar. Die Häuptlingstochter, die den heiligen Baum aus dem Himmelsboden gezogen hat, weil er wie eine wilde Rübe roch, die ist durch das Loch gefallen und ist gestorben. Und das Mädchen, das den Sonnenmann geheiratet und sich dann mit ihm gestritten hat und das dann ein Loch in den Himmelsboden grub, das ist auch durchgefallen und ist gestorben. Und da war auch noch das Mädchen, das den Morgenstern geheiratet und das ebenfalls Ehestreit gehabt hat, und das...» Der Grille war die Luft ausgegangen.

«Aber ich bin doch schon gestorben. Ich kann nicht noch einmal sterben, oder?»

«Klar kannst du das. Gespenster sind nicht unsterblich. Das sind nur die Geister. Ich verstehe gar nicht, wieso du überhaupt noch am Leben bist.»

Ich setzte mich auf und fühlte mich ziemlich mitgenommen. Dabei merkte ich, wie sich Büffelbruders Medizinbeutel warm auf meine Brust legte.

«Ich glaube, ich weiß warum», sagte ich, indem ich ihn hochhielt.

Die Grille nickte. «Du hast sicher recht. Komm, laß uns nach Hause fliegen.»

Ich stand auf und erhob die Arme, aber es geschah nichts: Ich konnte nicht mehr fliegen. Ich versuchte es noch einmal, viermal insgesamt, wie das sich gehört, aber das Ergebnis blieb stets das gleiche. Anscheinend hatte ich meine gesamte Kraft eingebüßt. Die Grille war so erschüttert, sie gab überhaupt keinen Laut von sich. Die Grille ohne ihr Zirpen, das war wahrlich beängstigend.

«Ruf den Büffel um Hilfe», schlug meine flüsternde Stimme vor.

Auf meinen unsicher gewordenen Beinen konnte ich nicht richtig stehen, also setzte ich mich wieder hin, löste den Medizinbeutel von meinem Hals und holte den sorgfältig geschnitzten Büffelfetisch hervor. Ich stellte ihn auf meine linke Handfläche. Die gelbe Lebenslinie, die der Künstler vom Maul zur Bauchmitte eingeritzt hatte, glühte voll Kraft. Andächtig hauchte ich darauf und fing an zu beten: «Mächtiger Büffelbruder, hör mich an, erbarme dich meiner. Ich habe meine Kraft verloren und kann nicht mehr fliegen. Bitte komm und hilf mir.»

Über uns nahm der Himmel eine zutiefst blaue Farbe an. Kurz löschte eine dunkle Wolke das Licht der Sonne. Dann war sie der Büffel, der die Sonne zwischen seinen Hörnern trug. Die Vision löste sich auf, und Büffelbruder trat aus dem Dickicht hinter den verkohlten Bäumen hervor.

«Du hast also deine Kraft verloren, Samenträgerin?» Ich hörte keine Kritik, keinen Vorwurf, nur die einfache Feststellung der Sachlage. Entmutigt konnte ich nur nicken.

«Kannst du mir bitte helfen, Büffelbruder?» fragte ich schließlich.

«Ich selbst kann das nicht, aber ich werde dich zu

zwei mächtigen Heilern geleiten. Die können sicher etwas für dich tun, wenn wir sie auf die richtige Weise darum bitten.» Und da er voraussah, daß ich wegen meiner Unfähigkeit zu fliegen wohl nicht mitkommen könnte, fügte er hinzu: «Komm, ich nehme dich auf meinen Rücken!» Er drehte sich, und an seiner Statt stand der dunkelbraune Büffel, den ich in meinen Visionen so oft gesehen hatte. Und schon saß ich auf seinem Rücken, mit der Grille in meinem Haar. Wir flogen ab, kreuzten über Frijoles Canyon, die «Bohnenkluft», wo einst unvorstellbar mächtige Kräfte die Kruste der Erde gespalten hatten, dann über die nächste Schlucht, wo vor so vielen Jahren der Blitz der Geistermacht mich getroffen und mein Leben für immer geändert hatte. Büffelbruder wandte sich nach links, und wir sanken langsam an einer Stelle nieder, die ich aus Bildern zur Genüge kannte, dem Heiligtum der Berglöwen. Als ich noch Mensch war, bin ich einmal aufgebrochen, um diese berühmte heilige Stätte zu besuchen, aber meine Kraft verließ mich vor der Ankunft, und ich mußte unverrichteter Dinge umkehren.

Nun war ich also doch hier und schaute mit Ehrfurcht auf den aus als Opfer dargebotenen, verblichenen, ineinandergehakten Geweihen aufgehäuften Zaun und dahinter auf das sandfarbige Gestein, das ein kundiger Steinmetz der Vorzeit zu zwei lächelnden Berglöwen zurechtgemeißelt hatte. Aber es gab auch noch etwas anderes, und das war eine riesige Überraschung. Ich erwähnte es gleich dem Büffelbruder, als ich von seinem Rücken heruntergerutscht war und er wieder in seiner menschlichen Gestalt erschien:

«In meiner Vision, die ich gerade gehabt habe», versuchte ich zu erklären, «als ich zur oberen Welt jenseits des Himmelsgewölbes gefahren bin, da habe ich dieses Heiligtum auch gesehen, aber irgendwie in anderer Form. Deshalb erkannte ich es auch nicht gleich. Was ich gesehen habe, das waren zwei Gestalten unter einer grünschimmernden Decke. Ich habe gemeint, das sei ein Schlafsack, neben ihnen lagen Geweihe, und sie waren einander zugekrümmt, gerade so wie diese steinernen Berglöwen.»

«Du würdest sie aufsuchen müssen, das war schon bekannt», nickte er, «und sie sind so mächtig, daß sie in jener Verkleidung in deinen Raum eingedrungen sind. Wie du weißt, ist die Gegenwart sowohl Zukunft wie auch Vergangenheit.» Er nahm mich bei der Hand und sagte: «Komm, wir wollen sie begrüßen.»

Wir kletterten über das Gewirr von Geweihen, und als wir uns den steinernen Gestalten näherten, fingen sie zu vibrieren an und strahlten das gleiche grünliche Licht aus, das ich bei dem Schlafsack gesehen hatte. Dann erhoben sie sich, streckten sich auf Katzenart, schüttelten sich und wurden zu geballtem Licht.

«Berglöwen, Berglöwenleute, mächtige Heiler», fing Büffelbruder in völlig zwangloser Weise zu sprechen an, «wir sind gekommen, um euch zu begrüßen und um euch um eine Heilung zu bitten.» Die Lichter erschauerten und waren nicht wieder Berglöwen, sondern ein Mann und eine Frau. Sie trugen Adlerfedern in ihrem langen schwarzen Haar, und ihre Bekleidung bestand aus sorgfältig gegerbtem Berglöwenleder, das in weichen Falten ihre Körper bedeckte. Ich hatte die gleiche Lederbekleidung bei einem Medizinmann gesehen, er trug sie zum Wintertanz in einem Pueblo.

«Dieses Gespenst hier hat seine Kraft verloren», erklärte Büffelbruder. «Törichterweise ist es in ein Loch im Himmelsgewölbe getreten. So ist das geschehen.»

Die Berglöwenleute schauten mich aufmerksam an. Das dauerte eine ziemliche Weile. Dann sagte die Berglöwenfrau in einer Stimme, die wie das Rauschen des Windes in den Felsenklüften klang:

«Leg dich hin, meine Tochter. Wir werden dich heilen.»

Innerhalb des Geweihzaunes lag nun ein bräunlichgelbes Fell, unsichtbare Kräfte neigten den Grund im benötigten Winkel, und ich legte mich darauf, die Arme wie zuvor in der richtigen Haltung, und schloß die Augen.

Ich hörte, wie eine Trommel recht schnell geschlagen wurde, und das Berglöwenpaar fing zu singen an, aha, aya, ayaho. Ich meinte, sie tanzten auch, aber das konnte ich nicht sehen, denn ich war wieder in den Wolken, gegenüber dem Spinnenauge. «Geh nicht näher ran», raunte der heilige Wind. Diesmal gehorchte ich. Ich war traurig, weil ich mich von Ussa nicht verabschieden konnte, aber ich ging vorsichtig rückwärts und setzte mich auf eine Wolke. Sie trug mich fort, und als ich die Augen aufmachte, lag ich wieder auf der Erde bei den steinernen Berglöwen innerhalb des Geweihzaunes. Büffelbruder reichte mir die Hand, damit ich aufstehen konnte.

«Ich danke euch, Berglöwen, Berglöwenleute, mächtige Heiler», sagte ich zu den steinernen Gestalten gewandt, «euren Segen werde ich euch erwidern.» Dabei fiel mir das Stück Ocker ein, das ich bei den verkohlten Bäumen aufgelesen hatte. Ich holte es aus der Tasche, und andächtig bemalte ich damit ihre uralten steinernen Gesichter.

Später saßen wir wieder vor dem Feuer des Aschenburschen in meinem Haus. Mit dem Fliegen hatte ich keine Schwierigkeiten mehr gehabt.

«Was ist eigentlich geschehen?» wollte Büffelbruder wissen.

Ich erzählte ihm die Einzelheiten und fügte dann hinzu: «Das war eine merkwürdige Art, wie ich da von den Berglöwen geheilt worden bin. Es war, als hätten sie einen Film der Ereignisse rückwärts laufen lassen.»

«Nicht eigentlich», erklärte Büffelbruder. «Siehst du, dadurch daß du in deiner Hast die Warnung des heiligen Windes mißachtet hast, hast du die kosmische Ordnung gestört und ihr Gleichgewicht und ihre Schönheit gefährdet. Mit Hilfe ihrer Macht haben sie dich dorthin zurückgebracht, wo du den ersten falschen Schritt getan hast. Damit haben sie dir die Möglichkeit gegeben, deine Handlung zu berichtigen und so das zarte Gewebe der kosmischen Ordnung wiederherzustellen.»

«Merkst du nun, was du für ein Dummkopf gewesen bist?» fragte eine winzige Stimme in meinem Ohr, und vom Zirpen mit seinem spöttischen Tonfall war mir klar, daß das nicht der heilige Wind sein konnte.

«Als Gegengeschenk für ihre Heilung habe ich den steinernen Berglöwen mein Ocker dargeboten, aber meinst du, daß ihnen zusätzlich auch noch ein Gebetsstab recht wäre?»

Büffelbruder schien sich das zu überlegen. «Die Federn des Gebetsstabes sind die Bekleidung der Geister», meinte er dann, «das wäre also schon richtig. Aber du müßtest den Stab auch anmalen, gelb, blau, weiß und rot.»

«Ich hole ihr die Farben von der Spinnenfrau», erbot sich die Grille.

«Und die Federn können nur die Schwanzfedern lebender Vögel sein.»

«Die könnten wir vielleicht im östlichen Flußbett sammeln», meinte ich, «dort lassen sie sie manchmal fallen, wenn sie zum Trinken kommen.»

Büffelbruder war einverstanden. Aber als wir hinausgingen, trafen wir Bruder Wolf, der völlig niedergeschlagen dreinschaute. Er war nicht da, als wir zu den Berglöwen gewesen waren, und ich hatte ihn nicht einladen können.

«Das ist nicht der Grund», sagte Büffelbruder. «Er ist Federn suchen gegangen, hat aber kein Glück gehabt. Die Maske klebt ihm zu fest am Gesicht, und er kann nicht viel sehen, weil er durch seine Wolfsmaskenaugen gucken muß.»

«Schau, Bruder Wolf», sagte ich, «wir suchen auch nach Federn. Also komm doch mit.»

Büffelbruder nahm Bruder Wolf auf den Arm, und wir flogen nach Osten. Aber als wir am Fluß ankamen, hatte es anscheinend im Hochland geregnet, denn eine Reihe kleiner klarer Wasseradern eilte den Fluß entlang gen Norden. Zwischen ihnen und dem Fluß waren verführerisch glatt aussehende Sandpolster abgelagert. Ich mußte lachen. «Ich weiß, wie dieser Fluß beschaffen ist, wenn er Wasser führt. Dann verwandelt sich der Grund in einen klebrigen Brei. Ich habe einmal versucht, im Flußbett zu wandern. Der Schlamm hat meine Stiefel angesogen, ich bin im nächsten Pueblo vor Erschöpfung halb tot angelangt. Es waren nur vier Meilen, aber ich habe vier Stunden für den Weg gebraucht. Ich bezweifle, daß wir hier heute Federn finden können.»

«Laß es uns trotzdem versuchen», sagte Büffelbruder. «Vielleicht ist es flußabwärts trockener.» Wir flogen also gen Süden. Das war entschieden leichter, als im feuchten Schlamm zu waten, aber Federn sahen wir nirgends. Wir kamen schließlich an eine Stelle, wo das Flußbett sich unter einer hohen roten Felswand nach links krümmte. Es war von oben bis unten von Löchern besät, wo ein emsiger Schwarm von Schwalben eifrig ein- und ausflog. Wir sanken hinab und schauten uns um.

«Habt ihr Schwanzfedern übrig?» fragte Büffelbruder eine der vorbeiflitzenden Schwalben.

«Vielleicht liegen welche hinter dem Felsen», zwitscherte sie und eilte mit einem anmutigen Sturzflug davon.

Wir brachen also durch das Dickicht junger Baumwollbaumstämme in Richtung auf eine Lichtung hinter dem Felsen zu, als ich in dem Geruch der feuchten Erde eine Beimischung des betäubenden Duftes einer Douglasfichte wahrnahm. «Riechst du das, Büffelbruder?» fragte ich. «Wo kommt das bloß her? Douglasfichten wachsen hier doch gar nicht!»

Büffelbruder lächelte und wies, wie Indianer das tun, mit den leicht gestülpten Lippen in Richtung der anderen Seite der Lichtung. Ich folgte seinem Blick und entdeckte einen fast von den Weiden versteckten Weiher, einen tief gelbgefärbten kleinen Teich. Worauf

Büffelbruder hingewiesen hatte, war eine Gestalt, die sich jetzt unerwartet, lautlos aus dem Wasser erhob, ohne es auch nur im geringsten zu kräuseln. Sie war unendlich zart, einer Seifenblase gleich, nicht stofflich, sondern so als sei ein meisterhafter Maler dabei, ihre duftigen Umrisse auf den Hintergrund des Baumwollbaumdickichts zu zeichnen. Was die Zeichnung darstellte, war ein maskierter Tänzer, dessen Brust und Arme mit schwarzen Schlangenlinien bemalt waren. Bei seinem Auftauchen strömte der Duft feuchter Erde über uns hinweg wie der Segen eines geheimen Rituals. Er verschwand hinter dem Felsen anscheinend nach Süden zu. Dicht hinter ihm tauchte ein zweiter, stummer, ebenfalls durchsichtiger Tänzer aus dem Wasser auf. Er trug eine dicke Halskrause aus Zweigen der Douglasfichte, und als er an uns vorbeischwebte, durchdrang der Duft seiner Halskrause die gesamte Lichtung. Ein Tänzer mit Hirschmaske folgte ihm, er trug einen mit Rehhufen geschmückten Ledergurt quer über die Brust und strömte den Geruch wilder Wiederkäuer aus. Dicht hinter ihm erhob sich eine flüchtige Gestalt, kaum mehr als ein grüner Hauch, mit einer mit gelben Ringelblumen verzierten Maske, und brachte deren kernigen Duft mit sich. Die nachfolgende Gestalt war ebenfalls grün, aber sie trug einen Kranz gefleckter Blüten, die ich nicht kannte. Ich meinte, der schleierhafte Aufzug sei nun vorbei. «Alles duftende Geister», flüsterte ich Büffelbruder zu, der Ehrentitel der Geister bei den Tewa. Aber er schüttelte den Kopf. Und er hatte recht, denn es erhoben sich in schneller Folge noch zwei weitere durchsichtige Gestalten aus dem stillen Wasser. Die erste war ein Ara mit glühend roten Federn. Und wie ich zuschaute, verwandelte er sich mal in einen Tänzer, der mit seinen roten Flügeln flatterte, und dann wieder in einen Vogel. Und die letzte Gestalt war männlich und kleiner als die anderen. Er schien in seinen Mokassins, die ihm zu groß waren, zu hinken, und an den Schläfen seiner Maske waren große Trompetenblüten befestigt, die Stechapfelblumen, die den Traum bescheren. Nach ihm kam niemand mehr, aber der Nachhall der Wesenheit der Geisterschar schwebte weiterhin in der Lichtung, so wie der Duft des verbrannten Salbeis nach dem Räuchern an den Kivawänden haftet.

«Sie leben unter dem Teich», bemerkte ich, eher eine Feststellung als wie eine Frage. Büffelbruder nickte. «Es sind diejenigen uralten Geister, deren Wahl es war, sich nicht in greifbarer Form zu verdichten», sagte er. «Es sind die Sommergeister, die zu einem Ritual in einem Pueblo geladen wurden.»

Uns gegenüber, am anderen Ufer des gelben Teiches, wuchs eine männliche Weide. Ganz unerwartet fing ein gelber Fink auf einem der steifen Äste zu singen an, und sein trillerndes Flöten unterbrach die lastende Stille. Dann hörten wir eine Trommel. Ein sehr alter Mann begann aus dem gelben Wasser aufzutauchen, so als steige er die Leiter im Inneren einer Kiva hoch. Erst erschien sein grauer Kopf, umwunden mit einem schmalen gelben Tuch, dann sein mit senkrechten gelben Streifen bemaltes Gesicht, und schließlich war er ganz da. Gekleidet war er in ein gelbes, mit Sonnenblumen besticktes Hemd und eine gelbe Seidenhose. Er schleppte eine schwere, mit einer Stütze versehene Trommel, auf der Avanyu, die Regenschlange, in gelber Tönung abgebildet war. Links von uns am Ufer des Teiches hielt er an, schlug auf die Trommel und begann zu singen:

> *Heya ho ho, heya ho*
> *Avanyus gelbe Kinder,*
> *Heya ho ho, heya ho*
> *Quellenkinder*
> *Sie steigen auf.*

Beim letzten Ton des Liedes fingen Tänzer an, durch die Oberfläche des Teiches aufzutauchen, sechs Paare, in jeder Weise das genaue Abbild der Tänzer vom Blauen Teich, sogar die auf den Röcken der jungen Männer abgebildete Regenschlange war die gleiche, nur daß hier alles in Gelb ausgeführt war. Die Tänzer trugen Sträuße von gelben Sonnenblumen zusammen mit ihren Rasseln, und der Kopfschmuck der Mädchen war mit gelben Sonnenblumen bemalt statt mit blauen Astern.

Ich schaute Büffelbruder an. Wunderschön, schien sein freundliches Lächeln zu sagen. Zusammen freuten wir uns an der kunstvollen Choreographie, wie sich die Reihen in Kreise und in Spiralen auflösten und dann wieder zu Reihen wurden. Wie beim Blauen Teich kehrten die Tänzer nach der vierten Wiederholung ebenfalls zu ihrem Ausgangspunkt zurück und versanken einer nach dem anderen im Wasser.

Nur Bruder Wolf, der sich zwischen uns beide gesetzt hatte, um dem Tanz zuzuschauen, hatte keinen Anteil an unserer stillen Freude. Er war unruhig, setzte sich hin, stand wieder auf und konnte es offensichtlich kaum abwarten, bis der Tanz zu Ende war. Und als die Tänzer abgetreten waren und der Großvater des Gelben Wassers Miene machte, ihnen zu folgen, stand er auf und setzte sich vor den ehrwürdigen Ältesten hin. Von der Art und Weise, wie der Großvater des Gelben Wassers erst zögerte und dann den Kopf schüttelte, brauchte ich keine Erklärung vom heiligen Wind darüber, daß Bruder Wolfs Bitte um Asyl wieder abgelehnt worden war. Keine Federn, keine Zulassung – das schien die Regel zu sein.

Ich dachte, dies könnte vielleicht die Gelegenheit sein, wo ich mich beim Büffelbruder wegen meiner eigenen Aussichten betreffs der Zulassung zum großen Teich erkundigen könnte. Schließlich war die Hälfte meiner vierzig Tage schon vergangen, und ich wollte zu gerne wissen, was aus mir werden sollte. Aber als ich mich zu ihm wandte, sagte er:

«Das erste Viertel dieser Mondzeit ist vorbei, und ich muß fort.» Er bewegte das trockene Gras mit der Fußspitze und fügte hinzu: «Treffenderweise nennen meine Pima-Freunde den Vollmond, der im Anzug ist, den Mond des trockenen Grases. Du kannst mich erwarten, wenn er am Himmel aufgeht.»

Nach dem Aufbruch des Büffelbruders wollte ich sobald wie möglich mit dem Gebetsstab für die Steinernen Berglöwen anfangen. Ich hoffte, ich könnte damit den Kummer leichter überwinden, der mich immer ergriff, wenn Büffelbruder fort war. Wir flogen also wieder zum Fluß hinab, die Grille und ich, und wir überredeten auch Bruder Wolf, er solle mitkommen. Seit ihn der Großvater des Gelben Wassers ebenfalls abgewiesen hatte, war er mehr denn je entmutigt. «Mach dir keine Sorgen», versuchte ich ihn zu trösten, «eines Tages wirst du sicher die richtigen Federn finden.» Aber ich hatte den Eindruck, daß er mir gar nicht zuhörte.

Wir fanden den Stab, nach dem ich gesucht hatte. Er wuchs kerzengerade aus einem Baumwollbaumgebüsch heraus. «Bitte schenk mir diesen Zweig», bat ich den Busch. «Ich muß einen Gebetsstab machen, und du weißt doch, Zedern und Nußtannen haben keine geraden Zweige.» Die Baumwollbaumschwester nickte, und ich riß den Zweig ab. Sie ließ ihn ganz leicht fahren, sicher weil sie sich über das Kompliment gefreut hatte. Ich hätte ihr auch etwas blaues Maismehl darbieten sollen, aber ich hatte keins. Ich tat mir richtig leid, denn während die Geister von ihren Menschen Maismehl geschenkt bekommen, steht das uns Gespenstern nicht zu.

«Jetzt gehe ich und hole dir die Farben von Frau Spinne», sagte die Grille. «Oder möchtest du mitkommen?»

Natürlich wollte ich mit. Wir ließen Bruder Wolf bei den Ringelblumen. Statt nach Federn zu suchen, verschlief er dort seinen Kummer. Die Grille wußte, wo sich Frau Spinne im Augenblick aufhielt, nämlich bei sich zu Hause im Schatten der Schimmernden Berge, und dahin flogen wir nun.

Wir waren schon halb da, als die Grille mich zu meiner Überraschung fragte: «Hast du eigentlich irgend etwas, was du der Frau Spinne für die Farben geben kannst?»

Das brachte mich in Verlegenheit. Ehrlich gesagt,

war mir das gar nicht eingefallen. Ich wich also aus. «Du weißt doch, wie das mit uns Gespenstern ist. Wir besitzen nichts. Hast du irgendeinen Vorschlag?»

«Du könntest ihr ein Lied schenken.»

«Ein Lied? Ich weiß keine Lieder.»

«Aber klar weißt du welche. Als du noch Mensch warst, hast du mir oft eins vorgesungen. Erinnerst du dich nicht mehr? ‹Ich kann dich hören, Grillengeistlein! Danke dir, daß du mir etwas vorsingst.› Das war ein Lied. Und es hat mir gut gefallen.»

Beim Weiterfliegen überlegte ich mir immerzu, was für ein Lied ich wohl wählen könnte, aber es fiel mir nichts Passendes ein. Ich hoffte sehnlich, daß mir, wenn es soweit war, eine besondere Eingebung geschenkt würde.

Viel Zeit zu diesen Überlegungen hatte ich nicht, denn im Nu langten wir schon am Fuß der Schimmernden Berge an, an der nördlichen Grenze des Landes. Wir trafen Frau Spinne bei der Arbeit an. Sie war dabei, ein grün schillerndes Spinnengewebe zwischen zwei Ponderosatannen zu schaffen, deren Duft die ganze Gegend durchströmte.

«Ihr seid gekommen», rief sie als Gruß von oben herab.

«Wir haben eine Bitte», sagte die Grille.

Frau Spinne ließ sich gewandt runter. Plötzlich waren ihre acht Beine verschwunden, und sie stand vor uns in der Gestalt einer altmodischen Großmutter aus einem Pueblo. Ihr freundliches braunes Gesicht war verrunzelt, was ganz lieb aussah, und sie hatte sich ihr weißes Haar an der Stirn in traditioneller Weise kurz abgeschnitten. Sie hatte ein weites gelbes Kleid mit rosa Blumen an unter der schwarzen Manta, die von einer fest gewobenen, schwarz-roten Hopischärpe zusammengehalten wurde. An den Füßen trug sie reich mit Perlen bestickte Mokassins mit schwarzen Stulpen. Und ihr Schmuck! Lange schwingende Ohrringe, eine schwere mit Kürbisblüten gezierte Halskette, an jedem Finger ein anderer Ring, und ein breiter Armreif in zarter Zuniarbeit, alles aus Silber und dem herrlichsten Türkis, blaugrün mit feingeadertem, sogenanntem Spinnengewebemuster.

«Nun, Tochter, was möchtest du?» fragte sie, offensichtlich belustigt von meiner unverhohlenen Bewunderung.

«Wir brauchen Farbe», antwortete die Grille an meiner Statt. Und ich fügte als Erklärung hinzu: «Ich möchte den Berglöwen einen Gebetsstab herstellen als Gegengeschenk dafür, daß sie mich geheilt haben.»

Die Spinnenfrau nickte. Es war klar, daß sie über mein Mißgeschick Bescheid wußte, aber nicht vorhatte, mich danach auszufragen. Sie trat zu einem dichten Salbeibusch, der in der Nähe wuchs, und fing an, leise zu summen, während sich aus den Tannen ein feiner Trommelschlag zur Begleitung erhob:

> *Aya, aya, aya-a-a*
> *Jüngere Schwester des Nordens*
> *Dein blaues Geschenk*
> *Aya, aya.*

Es war wunderbar anzusehen, wie daraufhin ein kleines Tongefäß mit einem Zickzackmuster auf ihrer ausgestreckten Hand erschien, bis zum Rand angefüllt mit blauer Farbe. Sie stellte es auf die Erde und fing von neuem zu singen an:

> *Aya, aya, aya-a-a*
> *Jüngere Schwester des Westens*
> *Dein gelbes Geschenk*
> *Aya, aya.*

Wieder erschien ein kleiner Topf, diesmal mit gelber Farbe. Ihre Stimme war nun hoch wie ein Vogelruf, und sie sang:

> *Aya, aya, aya-a-a*
> *Jüngere Schwester des Südens*
> *Dein rotes Geschenk*
> *Aya, aya.*

Ein Töpfchen mit roter Farbe gesellte sich der Reihe der anderen zu. Schließlich rief sie den Geist der letzten Himmelsrichtung an:

> *Aya, Aya, aya-a-a*
> *Jüngere Schwester des Ostens*
> *Dein weißes Geschenk*
> *Aya, aya.*

Sie tat den kleinen Topf mit der weißen Farbe neben die anderen. Dann breitete sie ein Tuch auf der Erde aus, das in allen Farben des Regenbogens schillerte, stellte die vier Farbtöpfchen darauf, knotete es und reichte es mir.

«Danke dir, Frau Spinne», sagte ich, und als ich bemerkte, wie mein Grillengeistlein auf dem Bündel ängstlich sein kleines Licht aus- und angehen ließ, fügte ich hinzu:

«Darf ich dir vielleicht als Gegengabe ein Lied singen?»

Wohl angeregt durch ihre liebevolle großmütterliche Gegenwart überkam mich plötzlich eine tiefe Sehnsucht, ein Heimweh, dem ich sonst meist bewußt auswich. Wie aus weiter Ferne trug der Wind das Echo einer ungarischen Hirtenflöte und erweckte die längst vergessene Weise:

Tochter der fernen Puszta
Blaues Vergißmeinnicht, blaues Vergißmeinnicht
Meine Freunde weinen an meinem Grab
Blaues Vergißmeinnicht, blaues Vergißmeinnicht.

Die Spinnenfrau legte mir den Arm um die Schultern. Dann sagte sie:

«Danke dir, Tochter. Ich nehme dein Lied an. Es ist sehr schön.» Dann spuckte sie schnell hintereinander ihren Zauberspeichel auf mich, auf meinen Kopf, meine Schultern, meine Arme. Sogar die Grille bekam ein winziges Tröpfchen ab. Sie lächelte in jener wunderbar ironischen Weise, wie ich das auch von Ussa kannte, und fügte hinzu: «Damit du sicher nach Hause kommst.» Und dann war sie wieder oben in ihrem Gewebe, eine Spinne bei emsiger Arbeit.

Wir hätten mit unserem Farbenbündel schnurstracks nach Hause fliegen sollen, aber die Grille wollte gerne noch ein wenig auf Abenteuer ausgehen. Außerdem hatte ich ja immer noch keine Federn. Sie schlug vor, wir sollten statt nach Hause erst noch ein wenig in Richtung Süden fliegen, auf das Schildkrötengebirge zu. «Die Sommervögel fliegen dort hinüber auf ihrem Rückweg nach Mexiko», sagte sie, «vielleicht finden wir Schwanzfedern auf einer der Spitzen.»

Aus unerfindlichen Gründen kamen mir plötzlich ängstliche Vorahnungen. Als ich noch Mensch war, hatte ich viele Male die wilden Klüfte und Felsspalten des Schildkrötengebirges vom Flugzeug aus gesehen. Das war eine wenig einladende Landschaft. Sollten wir je dort abstürzen, habe ich oft gedacht, käme sicher niemand mit dem Leben davon. Wir zwei konnten nun zwar ungestraft durch die bedrohlichen Felsenklüfte fliegen, und die Grille war dabei ausgesprochen übermütig, was mich aber noch ängstlicher machte. «Komm schon, Samenträgerin», sie nannte mich selten mit diesem Namen, «komm schon, es macht Spaß!»

Plötzlich konnte ich sie nicht mehr hören. Wo war sie? Ich flog etwas höher, um einen besseren Überblick zu haben. Da sah ich nun eine sich bis zum Horizont entlangziehende, sehr hohe, graue Mauer und davor eine männliche, ganz in Schwarz gekleidete Gestalt, die anscheinend eine Fliege fangen wollte.

«Jetzt habe ich dich!» hörte ich ihn rufen. «Endlich habe ich dich, du aufdringliches Ding! Frech bist du! Ich habe dich hier schon öfter gesehen, du spionierst hier herum, jawohl, das ist ja wohl klar! So, jetzt ist es aus mit dir!» Er hatte die Grille in der Hand und versuchte offensichtlich, sie zu zerquetschen.

«Grille», schrie ich, «komm her!»

«Ich kann nicht, er ist klebrig!»

Ich flog näher ran. «Paß auf», warnte der heilige Wind, «das ist gefährlich!»

Aber ich mußte meine Grille unbedingt befreien. Ich flog also im Sturzflug geradewegs gegen die Hand des Mannes. Das brachte ihn so aus der Verfassung, daß er die Hand unwillkürlich öffnete. Die Grille machte einen Riesensatz und landete in meinem Haar.

«Du!» schrie er und ergriff meinen Arm. «Ich weiß, wer du bist! Du bist ausgewandert, das war alles illegal. Jetzt nehme ich dich mit, wo du hingehörst!» Er fing an, mich fest zu schütteln. «Um deiner unsterblichen Seele willen mußt du gerettet werden, auch wenn ich dich dabei umbringe!»

«Zieh», sagte der heilige Wind, «zieh!» Das tat ich auch gleich, und anscheinend hatte mich der Zauberspeichel der Spinnenfrau so rutschig gemacht, daß mein Angreifer mich nicht festhalten konnte, und mein Arm glitt aus seiner Hand.

«Alles in Ordnung», zirpte die Grille in meinem Haar, «beruhige dich, er kann nicht weit weg von der Mauer.»

Ich flog also zu einer Ponderosatanne in der Nähe, und während die schwarze Gestalt weiterhin wütend bei der Wand herumsprang und sehr unhöflich Schimpfwörter schrie, setzte ich mich ins Gras. «Was ist passiert, Grillengeistlein?»

Die Grille klang etwas verlegen. «Ich habe gemeint, da läge eine Feder in der Nähe der Mauer. Aber es war nur ein Schatten.»

«Er hätte dich umbringen können.»

«Unmöglich. Ich bin ein Geist, wie du wohl weißt, kein Gespenst.» Sie mochte mir das gerne manchmal unter die Nase reiben. «Aber er hätte mich gefangennehmen können. Von solchen Fällen habe ich gehört. Schrecklich!» Der winzige Lichtfleck schüttelte sich. «Der Kerl ist klebrig. Gut, daß mich der Speichel der Frau Spinne so glitschig gemacht hat.»

«Und was ist hinter der Mauer?»

«Ich habe das nur einmal ganz kurz gesehen. Mir schien, es waren lauter Blasen.»

«Blasen?»

«Richtig. Ganz, ganz viele leere Blasen. Und noch mehr solcher Kerle in langen schwarzen Gewändern waten da durch. Sie sind einfach glücklich dabei und singen immerzu.» Die Grille schien zu kichern. «Sie singen und singen in einem Meer von Blasen.» Dann schlug sie vor, daß wir noch etwas die Mauer entlang fliegen, natürlich nicht zu nahe, weil sie mir noch etwas anderes zeigen wollte.

Wir flogen eine ganze Weile, es war anscheinend eine sehr lange Mauer. Dann hörten wir eine Art von Klopfen, nicht ein Trommeln, sondern einen unregelmäßigen, dumpfen Ton, so als würde jemand auf etwas sehr Hartes draufschlagen. Wir folgten einer Rundung und sahen plötzlich, wer für das Klopfen verantwortlich war. Es war ein Mann in grauem Straßenanzug, weißem Hemd und schwarzer Krawatte, der oben auf der Wand stand und mit einer Pike auf sie loshämmerte. Er drehte sich in unsere Richtung. Ich erschrak, denn er hatte kein Gesicht. Überhaupt kein Gesicht. Statt dessen war ein leeres, ovales Stück weißes Papier zu sehen, das oben an einem gut frisierten Toupet befestigt war.

«Wer ist denn das?» fragte ich.

«Wir haben keine Ahnung. Wir nennen ihn einfach Heini Ohngesicht.»

«Und was tut er da?»

«Der Mückenmann hat einmal einen Ausflug hierher gemacht. Der hat gesagt, der Heini Ohngesicht habe ihm zu verstehen gegeben, daß er die Mauer entwickeln wolle. Aber die Mauer wolle sich nicht ändern.»

Eine Weile schauten wir ihm bei seinem Hacken zu, aber es wurde uns bald langweilig. Wir beschlossen, nach Hause zu fliegen. Federn gab es hier anscheinend sowieso nicht.

«Was nun?» fragte ich die Grille, als wir es uns bei den Ringelblumen gemütlich gemacht hatten.

«Ich habe die Ältesten sagen hören, daß die Vögel einem sogar manchmal Federn schenken, wenn man keine finden kann, vorausgesetzt, man bittet sie auf die richtige Weise.»

«Weißt du, wie man das macht?»

«Laß mich mal überlegen. Erst einmal müssen wir etwas auf der Erde ausbreiten, und dann müssen wir singen.»

«Ach je! Schon wieder. Du weißt doch, daß ich nicht gut singen kann.»

«Wieso? Bei der Frau Spinne hast du es doch ganz gut gemacht. Außerdem ist das betreffende Lied leicht zu lernen. Man fängt hoch an, dann geht die Melodie ungefähr bis zur Hälfte herunter, und am Schluß senkt sich die Stimme ganz tief, und man zieht den Ton in die Länge.» Die Grille sang das Lied vor, und ihre sonderbare Beschreibung schien tatsächlich den Nagel auf den Kopf zu treffen. Ich war immer überzeugt, daß man indianische Gesänge unmöglich lernen könne, aber nun vermochte ich die Melodie, statt sie zu hören, unerwarteterweise vor mir zu sehen. Sie erschien mir wie eine graziöse Schlangenlinie auf einem tönernen Gefäß. Das würde sogar ich wohl nachsingen können. «Meine Stimme ist zu schwach», setzte die Grille erklärend hinzu, «die Vögel würden mich kaum hören können, aber wenn du mitsingst, sollte es eigentlich klappen.»

Ich ging also in mein Haus, holte den Kojotenumhang, breitete ihn auf der Erde aus, dann streute die Grille etwas Maismehl und fing zu singen an:

«Ohey, ohey, ohey yaya...» Sie flog gegen meine Nase und läutete aufmunternd: «Mach zu, sei doch nicht so schüchtern!» Ich sang also mit:

> *Ohey, ohey, ohey yaya,*
> *Ihr Vogelgeister*
> *Wir bitten um Federn*
> *Ohey ya.*

Wir wiederholten die Weise wie üblich viermal, aber es geschah nichts. «Du mußt eben lauter singen», schalt die Grille.

«Daran liegt es, glaube ich, nicht. Wir brauchen eine Trommel. Wenn mein Büffelbruder singt, läßt er immer eine erscheinen, aber die Fähigkeit habe ich nicht.»

Ich schaute mich nach etwas um, was wir vielleicht als Trommel benutzen könnten, und siehe da, wer tauchte auf? Gevatter Kojote. Er trug eine Trommel. Ich hatte mir vorgenommen, nie wieder mit ihm zu sprechen, aber hier handelte es sich offensichtlich um einen Notfall.

«Ich sehe, du hast eine Trommel», fing ich vorsichtig an. «Kann ich die borgen?»

«Nein.»

«Bitte?»

«Nein. Aber du kannst sie haben, wenn du mir meinen Umhang wiedergibst.»

Nun hatte ich den Umhang mit seinen glitzernden Schuppen sowieso nie gemocht. Er war meinem Gefühl nach viel zu protzig. Wir machten also den Tausch. Ich hob den Umhang von der Erde auf und händigte ihn ihm aus, nicht besonders höflich, fürchte ich. Er gab mir dafür die Trommel und verschwand in dem nächsten Arroyo. Ich freute mich über den Handel und scherte mich nicht darum, daß ich ihn im Vorbeigehen «blödes Weib» unterm Bart murmeln hörte und «Frau Ohneherz». Das letztere war eine arge Beschimpfung, und es hatte hier noch niemand zu mir gesagt, obgleich es stimmte. Wir Gespenster haben tatsächlich «kein Herz», denn wir sind ja Tote. Aber es war schließlich Gevatter Kojote, der war zu allem fähig. Schnell ging ich in mein Haus, holte meinen herrlichen Büffelpelz und breitete den für die Vögel auf der Erde aus. Die Grille läutete Beifall, ich schlug die Trommel, und aus vollem Halse fingen wir wieder zu singen an:

> *Ohey, ohey, ohey yaya,*
> *Ihr Vogelgeister,*
> *Wir bitten um Federn*
> *Ohey ya.*

Bei der vierten Wiederholung kam ein leuchtender, smaragdfarbiger Kolibri vorbeigefegt und zwitscherte in seiner atemlosen Weise: «Kann nicht anhalten!» Und bei der nächsten tiefen Kurve: «Würde gerne aushelfen, aber», noch eine weitere Kurve, «meine Schwanzfedern sind sowieso zu klein!» Und damit war er auch schon fort und landete auf einer glühendroten Blume im Flußbett.

Der Krähenmann kam als nächster vorbei, aber wie er krächzte, habe er gerade vor zwei Tagen schon bei einer anderen Gelegenheit gespendet, und schließlich gäbe es in einem Schwanz eben nur eine begrenzte Anzahl von Federn.

Dann erschien der Nußtannenhäher, voller Entschuldigungen, er mache gerade einem höchst anmutigen jungen Häherfräulein den Hof und er wolle nicht den Eindruck erwecken, er sei beim verspäteten Mausern.

«Sag mal», fragte ich die Grille schließlich, «hast du auch den Eindruck, daß alle diese Ausreden vielleicht etwas mit mir zu tun haben, ich meine damit, daß ich, du weißt ja, ein Gespenst bin?»

«Ach woher!» erwiderte sie, aber aus ihrem Tonfall schien es mir, daß der Gedanke ihr auch schon aufgestoßen war. Bruder Wolf war anscheinend ebenfalls zu dem gleichen Schluß gekommen. Eine Zeitlang hatte er mit großem Interesse zugeschaut, aber dann lief er zum Fluß hinunter und schaute sich nicht um. Wir erfuhren später, daß er nicht weit von den roten Blumen, die dem Kolibri aufgefallen waren, in einer versteckten Vertiefung den Teich des Großvaters des Roten Wassers entdeckt hatte, aber auch da hatte er kein

Glück gehabt. Es war die Trauertaubenfrau, die uns das später erzählt hat. «Ich habe ihm einige meiner eigenen Federn angeboten», sagte sie, «aber er hat nur den Kopf geschüttelt. Die waren wahrscheinlich nicht die richtigen.»

Was uns anbelangte, war die Grille immer noch nicht entmutigt. «Es muß doch noch ein vierter Vogel kommen», sagte sie zuversichtlich. «Wir müssen eben noch etwas länger warten. Du weißt doch, es geht alles immer zu viert.»

Ich hatte aber keine Lust mehr und die Trommel schon auf den Büffelpelz gelegt, als tatsächlich, wie die Grille das vorausgesagt hatte, noch ein vierter Vogel ankam. Wir hörten ihn eigentlich schon, bevor er auftauchte, es war ein Ton, der kam tief aus dem Hals, ein Murmeln und gleichzeitig auch ein Brummen. Und dann sagte eine Stimme, als ob der Betreffende durch die Nase sprechen würde: «Glaube mir, Freund, für mich ist dies viel schmerzlicher als für dich, aber du verstehst, meine Küken, die sind hungrig, man könnte sagen, sie sind in der Tat heißhungrig, es tut mir wirklich leid, glaub mir, ehrlich leid.» Und dann sahen wir ihn auch, den Rennkuckuck, er flog nicht, sondern schritt heran auf starken, langen Beinen, ein großer Vogel mit steifen, gesprenkelten Schwanzfedern, kurzen Flügeln, weißem Bauch, runden weißen Flecken unter den Augen und einem unordentlichen Federbüschel auf dem Kopf, so als käme er geradewegs von einem mangelhaft ausgebildeten Friseur. Im Schnabel trug er eine dickbäuchige Eidechse. Er trat auf das Büffelfell, schüttelte sich, ließ einige Schwanzfedern fallen, und ohne auch nur einen «Guten Tag» und «Auf Wiedersehn» lief er mit eiligen Schritten den Hügel hinter dem Haus hinauf.

«Siehst du», sagte die Grille triumphierend, «der vierte Vogel!»

Aber mir war die Sache nicht ganz geheuer. «Schau dir doch nur mal die Spuren an, die dieser Vogel gemacht hat», sagte ich. «Zwei Zehen nach vorne, zwei nach hinten. Wenn ich ihn nicht hätte ankommen sehen, hätte ich nicht gewußt, ob er gekommen oder gegangen ist.»

«Du hast ganz recht», sagte die Grille, «das war doch der Rennkuckuck. Der hat Zauberkräfte und läßt sich nicht in die Karten gucken. Wußtest du das nicht?» Angeregt von meinem verständnislosen Gesichtsausdruck, fuhr sie fort: «Von seiner Zauberkraft kann man unhörbar oder unsichtbar werden, man kann davon einschlafen, über endlose Entfernungen fliegen. Er kann Regen hervorzaubern oder Schnee oder Wind, er kann die Melonen wachsen lassen und den Mais reifen, er kann dich in irgend etwas verwandeln...» Wie gewöhnlich war der Grille mal wieder der Atem ausgegangen.

«Ein Rennkuckuck kann all das?»

«Na, vielleicht nicht alles, aber bestimmt das meiste.»

Ich hob die Federn auf. «Schau mal, er hat drei Federn hinterlassen, und wir brauchen doch nur zwei!»

«Tu dir die dritte ins Haar», lachte die Grille. «Gespenster können immer etwas Zauberkraft gebrauchen.»

Am nächsten Morgen bemalte ich den Gebetsstab. Die Grille half mir dabei, ein Yuccablatt zu teilen. Mit den daraus entstandenen Fäden band ich die Federn am Stab fest, während ich den Berglöwen ein Dankgebet sprach. Dann flogen wir zu ihrem Heiligtum, und ich befestigte den Gebetsstab in ihrer Nähe in den Geweihzaun.

Da wir schon einmal in der Gegend waren, wollte mir die Grille auch noch die mit Obsidian bedeckten Berge zeigen, die den Westen des Landes bewachen. Aber wir verirrten uns und gerieten in eine tiefe, finstere Schlucht. Sie hatte senkrechte, schiefergraue Basaltwände, wo nur hier und da verstreut einige verkrüppelte Zedernbüsche aus den Spalten wuchsen. Es erhob sich ein Wind, der seufzte durch das Gestein und bewegte den Basalt, als seien seine Felsenfalten schwere Samtvorhänge. Ich sah plötzlich, wie hoch oben eine riesige Hand den gewirkten Stoff beiseite schob und ein riesenhafter Zuschauer sichtbar wurde. Seine Augen und sein Mund waren schwarz umrandet, wie das die heiligen Spaßmacher tun, und er trug eine mit trockenen Maiskolben verzierte Kappe. Ich konnte fühlen, wie die Grille mir ins Ohr kroch. «Hier ist der Eintritt verboten», sagte sie kaum hörbar. «Das ist einer der Ahnen, der uns da beobachtet. Laß uns so schnell wie möglich wegfliegen.»

Ich nickte und flog in die Richtung, von der ich meinte, sie führe aus der Schlucht hinaus. Statt dessen senkte sich der Boden noch tiefer, und der Wind wurde zu einem rollenden, tiefen Stöhnen. Obgleich das Sonnenlicht kaum die Schatten durchdrang, konnte ich an der gegenüberliegenden Wand einen Wasserfall die Wand herabschäumen sehen. «Schau, Grille, Wasser!» rief ich aus. Ich flog näher ran und erwartete einen erfrischenden Strahl. Aber es war kein Wasser, was da herunterstürzte, sondern ein Lichtstrom. Ich landete, um mir die Sache näher zu betrachten, und trat in etwas hinein, wovon ich annahm, es sei ein Bach. Statt dessen war es ein Bett von staubiger, grauer Asche, die nach längst verloschenen Feuern roch. Rundherum war der Boden kahl und mit Steinbrocken besät. Es gab keinen Grashalm, keinen Hasenstrauch, keine Salbeistaude, nicht eine einzige Pflanze. Links von mir versperrte ein mächtiger Felsenbrocken die Sicht, und es schien mir, als sänge jemand dahinter. Ich folgte der Stimme und hatte recht: Es war jemand, aber auf der anderen Seite des Aschenbachs. Die Singende, das sah ich nun, als ich ein wenig näher an das Ufer herantrat, war eine in sich zusammengesunkene Greisin. Sie saß auf einem Stein dort, wo der Wasserfall des Lichts herunterströmte. Sie hatte die Augen geschlossen, Tränen hatten Spuren auf ihren tief verrunzelten Backen hinterlassen, und ihr weißes Haar hing in ungekämmten Strähnen an ihrem Gesicht herunter. Sie trug keinen Schmuck und hatte nur eine schwarze Manta an, die ihre abgemagerten Arme und den oberen Teil ihrer linken ausgemergelten Brust freiließ. Wie in tiefem Schmerz wiegte sie sich hin und her und sang:

> *Yeah, yeah,*
> *Einer Trauerweide gleich sitze ich*
> *Meine Tränen rinnen für euch*
> *All meine Kinder, eure schönen jungen Körper*
> *All meine Kinder, eure schönen jungen Körper*
> *Yeah, yeah.*

Das Lied war so traurig, daß auch mir die Tränen kamen. Da ich sie nicht stören wollte, flog ich aufwärts, um aus der Schlucht hinauszukommen und dem herzzerreißenden Kummer ihrer Klage zu entfliehen. Die Schlucht war sehr tief, aber schließlich gelangte ich an den oberen Rand, wo die Sonne auf eine grüne Wiese schien. Ich setzte mich neben einen blühenden Kreosotbusch und versuchte meine Fassung wiederzubekommen.

«Wen betrauert die Großmutter wohl?» fragte ich die Grille.

«Ich habe keine Ahnung», sagte sie, «ich bin hier auch noch nicht gewesen.» Irgend etwas in ihrer Stimme ließ mich vermuten, daß sie nicht ganz bei der Wahrheit geblieben war. «Wir können sie nicht fragen, also ist es wohl das Beste, wenn wir jetzt wegfliegen, meinst du nicht?»

«Du hast recht, fragen können wir sie nicht. Aber wir sollten doch nicht einfach wegfliegen. Wenn wir herausfinden, was ihr fehlt, könnten wir sie vielleicht trösten.»

«Man kann sie nicht trösten.»

«Woher willst du das wissen, Grillengeistlein? Verbirgst du etwas vor mir?» Die Grille antwortete nicht. «Schau mal, ich meine mich zu erinnern, daß mich Avanyu, die Regenschlange, einmal zu einem Wasserfall wie dem hiesigen gebracht hat. Die Verzweiflung der Großmutter hat vielleicht etwas mit diesem Wasserfall aus Licht zu tun. Wir könnten Avanyu bitten, uns da hinzubringen. Ist dir das recht, wenn wir es versuchen?»

Die Grille hatte nichts dagegen einzuwenden, obgleich sie meinte, es sei manchmal besser, wenn man nicht alles wüßte. Ich stand also auf, legte meine Hände wie Muscheln auf die Hüften und rief die Rassel.

Ich fühlte plötzlich ein schweres Gewicht auf meinen Schultern, und dann fing mein Körper an, leicht seitwärts zu schwingen. Ich blickte aufwärts und sah über mir das grünlich-blaue Zickzackmuster, das den mächtigen Körper der Avanyu ziert. Wir flogen über das Land, über riesige Bäume und über grasende Rehe; dann kam ein gewaltiges Gebirge. Am Horizont entlang zuckten Blitze. Wir versanken in Nebel, dann erschien unter uns der runde, offene Kegel eines Vulkans. Ich hörte, wie das Feuer prasselte. Die Flammen schossen aufwärts, es war das höchste, das überwältigendste Feuer, das ich je gesehen hatte, aber es war nicht rot, sondern graublau. Avanyu hatte mich anscheinend fallen lassen, denn nun fiel ich in den Krater, und tatsächlich erschien links von mir das, was ich immer für einen Wasserfall gehalten hatte. Aber als ich unten angelangt war, merkte ich, daß es sich nicht um Wasser, sondern um Licht handelte. Sonderbarerweise schien dieser Lichtfall nicht hinunter, sondern nach oben zu strömen und eine Fülle von Geröll mit sich zu reißen, Bäume, Blumen, Insekten, Pflanzen, Fische, Frösche und sogar neugeborene Kinder mit verschiedenen Gesichtszügen.

Ich gelangte in eine Höhle, und von den Wänden hallte Großmutters Wehklage zurück:

Yeah, yeah,
Einer Trauerweide gleich sitze ich hier

Meine Tränen rinnen für euch
All meine Kinder, eure schönen jungen Körper
All meine Kinder, eure schönen jungen Körper...

Die Rassel schwieg, und weinend kniete ich neben dem Kreosotbusch.

«Du kannst nichts daran ändern», sagte die Grille.

«Du bist doch schon hier gewesen», schluchzte ich.

«Nein, aber wir wissen alle davon, daß die Großmutter bei dem Lichtfall weint.»

«Es geht ums Aussterben, stimmt's?» Und als die Grille nicht antwortete, sagte ich: «Laß uns nach Hause fliegen.»

«Sie weint immer noch und kann nicht aufhören», hörte ich die Grille sagen. Ich kniete bei den Ringelblumen und hatte es wirklich versucht, aber es ging nicht. Ich hörte immerzu die klagende Stimme der Großmutter: «Meine Tränen rinnen für euch... meine Tränen rinnen für euch...» Dann fühlte ich plötzlich eine Hand auf meiner Schulter. Als ich aufschaute, war es der Büffelbruder. «Die Grille hat mich gerufen», sagte er und setzte sich neben mich, die Arme um die Knie.

Ich fühlte seine tröstende Gegenwart und fing an, mich zu beruhigen. «Wohin trägt der Lichtfall all die schönen Kinder der Mutter Erde?» fragte ich, immer noch schluchzend.

«Zu den Ahnen, zum Polarstern.»

«Kommen sie jemals wieder?»

Er schüttelte den Kopf. «Es gibt also keine Hoffnung? Immer mehr Kinder der Mutter Erde werden fortgetragen, und schließlich weint sie allein am Aschenbach?»

Anstatt mir ohne Umschweife zu antworten, sagte er: «Man hat mir gesagt, daß der Wahrsager Großvater möchte, daß du ihn besuchst.»

«Kommst du mit?»

«Ich warte hier auf dich.»

«Wirst du mich anmalen?» Er nickte. Ich legte mich hin, und er stippte den Zeigefinger in den Topf mit blauer Farbe, der noch bei den Blumen stand. Dann kniete er neben mich nieder und zeichnete sorgfältig einen Strich auf mein Gesicht, angefangen bei den Ohrläppchen und über den Nasenrücken. Ich dankte ihm und nahm dann die Haltung ein, indem ich die Einzelheiten in Gedanken wiederholte, so wie ich das immer tat, als ich noch Mensch war. «Knie mit dem linken Bein, setz dich drauf, rechtes Bein hoch, Hände auf den Knien, Kopf in Richtung rechts, Zunge zwischen den Lippen...» Mit dieser rituellen Körperhaltung hatte ich immer Schwierigkeiten gehabt, aber jetzt als Gespenst fiel sie mir viel leichter.

Schon beim ersten Rasselton befand ich mich vor der strohbedeckten Behausung, die ich in meinen Visionen oft gesehen hatte, oben auf der Erdpyramide, wo sich der Wahrsager Großvater gerne aufhielt.

«Du bist gekommen, Tochter», sagte er. «Ich habe deine Frage gehört. Schau!»

Er wies in das Tal, wo der Rauch der Kochfeuer aus ovalen Hütten emporstieg. Das Tal verschwand, und statt dessen befand ich mich wieder in der Nähe jenes beängstigenden Lichtfalls. Aber diesmal waren viele Leute da, Männer, Frauen, sogar Kinder. Mit der bloßen Hand brachen einige Steinbrocken von der Felsenwand, und ihr Blut befleckte die Steine. Andere luden die Steine in Körbe, und auf dem Kopf trugen sie sie zu dem Lichtfall. Es war ein schlanker Bursche dabei, für den der Korb wohl zu groß war, denn er trug einen einzigen Stein auf der nackten Schulter. «Dein Enkel», hörte ich Großvater sagen. Ich konnte des Jungen Gesicht nicht sehen. Am Fuß des Lichtfalls waren andere dabei, eine Schutzmauer zu bauen, und die bedrohliche Lichtsäule schien schmaler zu werden.

Ich wollte noch mehr sehen, aber dann saß ich wieder mit Wahrsager Großvater vor seiner Bewohnung. Ein junger Bursche kletterte die Stufen hoch und brachte ein Kürbisgefäß mit Tortillas und eine Schüssel mit roter Chilisoße. «Iß, Tochter», sagte Großvater. Ich nahm eine Tortilla, aber bevor ich sie in die Soße tauchte, fragte ich: «Die Leute, die die Schutzmauer bauen, woher nehmen sie die Kraft?» «Träume», sagte er, «Träume, meine Tochter. Und wenn du erst einmal ein Geist geworden bist...»

Die Rassel hörte auf, und ich war wieder bei den Ringelblumen. Büffelbruder nickte mir zu, und die Grille zirpte friedlich in einer Spalte der Abodewand. Ich löste mich aus der Trancehaltung und setzte mich neben Büffelbruder. «Bist du getröstet?» fragte er. Als ich nickte, sagte er mit einem breiten Lächeln: «Obgleich du die Tortilla nicht mehr essen konntest?»

«Du warst also doch da?»

Er zuckte die Achseln. «Großvater bestand darauf.»

«Dann ist es ja gut. So brauche ich wenigstens nicht

zu berichten, was geschehen ist. Sag mal, wenn ich den Wahrsager Großvater richtig verstanden habe, kann ich, wenn ich dann ein Geist bin, den Menschen auch Träume über die Schutzmauer bringen?»

«Stimmt.» Büffelbruder legte mir den Arm um die Schulter. Er erriet wohl meine Gedanken, denn er fügte hinzu: «Mach dir keine Sorgen. Bald bist du auch ein Geist.»

Als wir uns später um den Topf mit Maismehl versammelt hatten, Büffelbruder und ich, die Grille, Bruder Wolf, Schwester Schlange, der alte Onkel Dachs und sogar der Bote, den ich eine Weile nicht gesehen hatte, wandte sich Büffelbruder zu mir und fragte unvermittelt:

«Warum willst du eigentlich in das Land unter dem Teich, wenn du ein Geist bist? Ich vermute, daß es dir um mehr geht als nur darum, die Zikaden singen zu hören und dem Tanzen der Kachinas zuzuschauen?»

Es war ein herrlicher Abend. Die Wolkenleute hatten eine leuchtende Kulisse von rosa, lila, und goldenen Wolken aufgetürmt, und der Vollmond des Trockenen Grases war gerade hinter dem Schildkrötengebirge aufgegangen. Mir kamen Erinnerungen in den Sinn, von Glück, das nicht mehr erreichbar war, von Freunden, die nicht mehr jenseits der Straße auf mich warteten. Ich blickte Büffelbruder ins Gesicht und wußte, daß ich diese Frage um meiner selbst willen beantworten mußte. Warum wollte ich wirklich ins Land unter dem Teich?

«Ich habe mehrere Freundinnen im Pueblo gehabt», fing ich an. «Sie haben mich immer zu ihrer großen Fiesta, dem Sommerfest, eingeladen. Du weißt ja, wie das geht: Schon tagelang vorher kochen die Frauen eine Unmenge festlicher Gerichte. Verwandte und Freunde reisen von weit her, um bei den Tänzen zuzuschauen, und dann kommen sie zum Essen. Es ist erstaunlich, wie viele Gäste in kleinen Gruppen im Laufe dieses einzigen Tages vorbeikommen, bis zu fünfhundert und mehr. Sie warten im Wohnzimmer und unterhalten sich miteinander, bis sie ins Eßzimmer gebeten werden. ‹Eßt tüchtig›, sagt die Hausfrau und meint damit auch die unsichtbaren Ahnen, die ebenfalls anwesend sind und zusammen mit den Gästen am Festmahl teilnehmen. Ich habe dann schließlich mitgeholfen, habe die vollen Schüsseln zum Tisch gebracht und die leeren zurück in die Küche. Und ich habe angefangen, das Geschirr zu waschen. Da war ich also, ich stand am Spültisch und wusch, trocknete ab und scherzte mit den Frauen. Bald ist man dann Teil eines einzigen Körpers. Es ist nicht mehr *ich*, es ist *wir*... es wird zum Tanz, zum Gebet, von unendlicher Süße. So ist es wohl unter dem Teich, meine ich, nicht ich, sondern wir.»

Büffelbruder hatte aufmerksam zugehört. Ich merkte, daß auch der Bote dem Gesagten gefolgt war und mit dem Kürbiskopf rauf und runter nickte. «Richtig, Tochter», sagte er, «das hast du sehr gut gesagt.» Und Büffelbruder fügte hinzu: «Genauso fühlt es sich an, wenn wir Büffel uns im Herbst von der Großherde lösen und in kleinen Rudeln abwandern. Wir haben natürlich kein Geschirr zu waschen.» Er lächelte sein offenes Schmunzeln. «Aber in dem Rudel sind wir auch einzeln und doch Teil eines einzigen Körpers.» Die Bemerkung lief mir im Kopf herum, aber ich wollte nicht vorlaut erscheinen, und so sagte ich nichts mehr dazu.

Es blieben nur noch vier Tage bis zum Ende meiner vierzigtägigen Frist. Mir war festlich zumute: Bald bin ich ebenfalls ein Geist! Auch Büffelbruder war diesmal länger dageblieben als sonst.

«Weißt du, wie die Kiowa diese Mondzeit nennen?» Es war offensichtlich, daß er mich aufziehen wollte. «Die Bezeichnung wird dir gefallen. Es ist ihr ‹Warte bis ich wiederkomme›-Mond.»

Wir – das heißt Büffelbruder, die Grille, Bruder Wolf und ich – hatten das östlich von uns gelegene weite Tal überquert und saßen oben auf einer alten, wunderschönen Kiva, deren Wände der Wind weich und rund gerieben hatte. Rundumher war das Land grün, denn dies Pueblo lag in der Nähe des Flusses, der das ganze Jahr über Wasser führte. Begleitet von einer Rassel, sang jemand in der Kiva. Das Lied feierte die Blumen und den strahlenden Morgen. Plötzlich fing eine schwere graue Wolke an, das leuchtende Angesicht der Sonne zu überdecken, und gleich darauf hörten wir den wohlbekannten kratzenden Schritt des Boten auf der Treppe, die zum Dach der Kiva führte.

«Samenträgerin», sagte er, und er klang so steif, daß anzunehmen war, daß er den Text seiner Botschaft auf dem Weg mehrmals hergesagt hatte. «Da es jetzt bald an der Zeit ist, daß du deine Gestalt als Gespenst ablegen wirst, um ein wahrer Geist zu werden, haben die unter dem Teich Wohnenden und die Kinder, das heißt, die Leute betreuenden Ältesten beschlossen, es sei jetzt an der Zeit, daß du auch noch mit deiner Mutter im heiligen Reich der Toten sprichst.»

Ich schaute ihn etwas ratlos an. «Als ich Ussa nach meiner Mutter gefragt habe», wandte ich ein, «hat sie behauptet, sie wüßte nicht, wo sie wäre. Vielleicht in einem anderen Teil, hat sie gesagt. Wie kann ich sie denn finden?»

Der Bote nickte. «Mach dir keine Gedanken. Sie wird da sein. Du willst sie doch sehen, nicht wahr?»

Meine Augen füllten sich mit Tränen. «Klar will ich sie sehen. Meine süße Mutter ...»

«Du nennst sie deine süße Mutter?» fragte Büffelbruder.

«In Ungarn, wo ich herkomme, nennen wir die Frau so, die uns geboren hat. Meine süße Mutter.»

«Hast du sie nach ihrem Tode schon gesehen?»

«Manchmal habe ich ihre Gegenwart gespürt, mehr nicht. Bald nach ihrem Tode hatte ich eine Vision. Ich war in einem hellblauen Turm, in dem rosa Treppen nach unten führten. Ich hatte das Gefühl, meine süße Mutter befände sich unten in dem Turm, hinter der Tür. Ich wollte sie unbedingt sehen. Also flog ich, so schnell ich konnte, die Stufen hinab. Aber als ich an der Tür ankam, war sie verschlossen. Seither habe ich mehrmals versucht, sie im Totenreich zu besuchen. Aber ich bin immer nur bis zum Rand gekommen, und da war sie nicht. Ich will die Fahrt aber gerne noch einmal unternehmen, wenn die Ältesten das wünschen.»

Büffelbruder fand es nicht angebracht, daß ich zum Totenreich von dem Dach anderer Leute Kiva aufbrach. Er führte uns statt dessen zu einem Tal im Norden. Es war oval und tief wie ein Amphitheater, beschattet von hohen Baumwollbäumen und Ulmen, und mitten hindurch lief ein breiter, munterer Bach. Ich stellte mich hin, mit dem linken Arm auf der Brust oberhalb des rechten, schloß die Augen und rief meine geduldige Rassel: «Kling gut, kleine Schwester, kling süß!»

Einen Moment klang es so, als zögerte die Rassel, dann fing sie an, aber langsamer als gewöhnlich. Ich befand mich in einem dunklen Tunnel, dann konnte ich sie nicht mehr hören. Der Tunnel öffnete sich auf eine unheimliche Landschaft, die Luft roch modrig, die Erde war schwarz. Unter einem krummen Baum flackerten Kerzenflammen ohne Kerzen, und auf seinen laublosen Ästen hockte eine Schar von kleinen, schwarzen, buckligen Aasgeiern. «Geh nicht weiter, geh nicht weiter!» warnte einer der Vögel, aber ich blieb nicht stehen. Eine Truppe dunkler Reiter galoppierte links an mir vorbei, rechts erhoben sich die Gemäuer einer bedrohlich anmutenden Stadt. Es dämmerte ein blasser Morgen auf, aber nicht am Himmel. Statt dessen ging die Sonne unter meinen Füßen auf, und ihr Licht hatte Mühe, durch die Erde durchzudringen. Ein Schwarm blaßvioletter Schmetterlinge erhob sich von einem Gebüsch, dann hörte ich aus einiger Entfernung ein Singen. Ich eilte in die Richtung und gelangte zu einem Fluß. Der Geruch brennender Kräuter umgab mich, duftete nach Lorbeerblättern und Myrrhe. Eine Stimme sagte: «Sie muß jetzt den Tanz für die Toten tanzen.» Und eine andere Stimme antwortete. «Das kann sie nicht. Sie ist noch nicht tot genug. Laß sie gehen!»

Dann sah ich sie, meine süße Mutter, die ich so gerne wiedersehen wollte. Dort stand sie, am anderen

Ufer des schmalen Flusses. Sie sah jung und wohl aus. Mich überflutete all meine Liebe für sie und all meine Sehnsucht. Hinter ihr stand der Schatten meines Vaters, und meinen jüngeren Bruder hielt sie an der Hand. Als ich den Bruder zum letzten Mal gesehen hatte, lag er auf dem Sterbebett, ein ausgemergelter alter Mann. Nun erschien er als ein achtjähriger Junge, obgleich er etwas mürrisch dreinschaute.

«Meine süße Mutter!» rief ich.

«Mein Kleinchen, mein Engel», antwortete meine Mutter. «Endlich. Kommst du jetzt zu uns herüber?»

«Ich bin noch immer ein Gespenst, meine süße Mutter. Ich kann nicht zu dir. Warum ist mein jüngerer Bruder traurig?»

«Du fehlst ihm. Du sollst jetzt zu ihm kommen, sagt er. Nun, wir können ja noch ein wenig warten. Ist es schlimm, ein Gespenst zu sein? Geht es dir gut?»

«Ich bin sehr glücklich. Ich habe so viele wunderbare Freunde, den Büffel, die Grille, Großvater Bär, Frau Spinne ...» Ich konnte sehen, wie sie verständnislos den Kopf schüttelte.

«Mein Dummerchen! Du mit deinen Tieren! Aber das macht ja nichts. In unserer herrlichen Stadt wirst du sie bald vergessen.»

«Ihr wohnt in einer Stadt?» Ich versuchte es zu verbergen, wie entsetzlich ich das fand.

«Richtig. Beim Herkommen hast du sie sicher erblickt. Sie ist sehr schön, nicht wahr?»

Ich wollte antworten, aber mir wurde ganz merkwürdig, so als sei ich nurmehr ein Irrlicht. Ich fing an zusammenzubrechen, in ein Nichts zusammenzuschrumpfen, als ich neben mir eine Gegenwart spürte.

Zwei starke Hände sammelten mich ein und ließen mich in einen Beutel rutschen.

Einen Augenblick später saß ich an einen Baumstamm gelehnt, direkt neben einem lustig plätschernden Bach in dem Amphitheater. Schwester Schlange fütterte mich mit Maisbrei mit einem Löffel.

«Was ist geschehen?» fragte ich, fast zu schwach zum Sprechen.

«Büffelbruder hat dich geholt, weil du nicht beizeiten zurückgekehrt bist.» Die Grille klang sehr aufgebracht. «Wir haben dich fast verloren. Die Ältesten hätten daran denken sollen, daß jene Totengeister um diese Zeit richtig heißhungrig werden.»

«Du darfst die Ältesten nicht für die Sache verantwortlich machen», tadelte sie der Büffelbruder. «Unter dem Teich können sie es nicht wissen, daß es eine Welt gibt, in der die Ahnengeister keine Speiseopfer erhalten.»

Mit jedem köstlichen Bissen fühlte ich mich zunehmend stärker. «Was hat das alles mit mir zu tun?» fragte ich.

«Die Totengeister, die du besucht hast, haben dir die Kraft ausgesaugt», erklärte Büffelbruder.

Ich hörte auf zu essen. «Nein, Büffelbruder, das ist unmöglich», protestierte ich. «Meine süße Mutter würde nie etwas tun, was mir schaden könnte!»

«Das war auch nicht ihre Absicht. Es geschieht einfach, so wie Wasser abwärts fließt.»

«Bedeutet das, daß ich meine süße Mutter nie wiedersehen kann?» Ich fühlte mich traurig und verlassen.

Schwester Schlange legte den Löffel hin und umarmte mich. «Natürlich kannst du sie wiedersehen. In einigen Tagen haben jene Geister auch ihre Fiesta, ihren Totensonntag, wenn sie auf Besuch gehen können und man ihnen Speiseopfer darbringt. Dann kommt deine Mutter auch zu dir, um dich zu besuchen.»

Ich wandte mich an Büffelbruder. «Ich verstehe nicht, warum die Ältesten es überhaupt wollten, daß ich die Totengeister besuche.»

«Wieso ist dir das nicht klar? Bald bist du kein Gespenst mehr und kannst entscheiden, wo du sein willst.»

«Du meinst, ich habe die Wahl?» Büffelbruder nickte.

«Also ich kann dir schon jetzt sagen, daß es nie und nimmer die Stadt sein wird.»

Büffelbruder lächelte. «Halt an, halt an, woher all diese Leidenschaft? Was war denn in dem Brei, mit dem dich Schwester Schlange gefüttert hat? Was ist mit der Stadt los?»

Ich schaute mich in dem fruchtbaren Tal um. Es roch nach Feuchtigkeit und nach Gras. Ein Reh näherte sich und trank am Bach. Von überall klang Vogelgesang, und ein Wildkaninchen hoppelte den Pfad entlang.

«Als junges Mädchen», erzählte ich dann, «habe ich mit Vorliebe endlos darüber phantasiert, wie man wohl vielleicht mit einem mächtigen Zauber die Stadt zusammenschrumpfen lassen und in eine Blase einschließen könnte. Dann könnte sie sich, so behauptete ich damals, in einem endlosen Kreislauf selbst ernähren.»

Ich mußte lachen. «Ich habe mir das Prinzip der Wiederaufbereitung schon vor Jahrzehnten selbst ausgedacht! Und ich stritt mich leidenschaftlich mit meinem Bruder darüber, daß die Erde einzig und allein den Tieren überlassen werden sollte. Unsere Mutter war gar nicht einverstanden mit meinen Gedankengängen. Sie wußte wenig von Tieren und liebte die Stadt.»

Ich wollte Büffelbruder die unheimliche Stadt beschreiben, die ich auf meinem Weg zum Fluß der Toten gesehen hatte, wurde aber unterbrochen, weil jemand wild und geräuschvoll durch die Büsche brach. Dann gab es einen lauten Klatsch. Bevor wir überhaupt wußten, was vor sich ging, war Büffelbruder im Bach und hatte Bruder Wolf aus dem Wasser gezogen. Das war nicht einfach, weil er sich eigensinnig gegen die eiserne Umarmung wehrte, offensichtlich um wieder ins Wasser zu kommen.

«Was wollte Bruder Wolf denn da im Wasser?» fragte ich. Aber Büffelbruder hörte mich nicht, sondern flog mit dem triefenden Wolf im Arm davon. Ich nahm mir vor, ihn zu fragen, wenn wir wieder vor dem Feuer des Aschenburschen sitzen würden, aber Büffelbruder erhielt einen Ruf, und so saß ich bald darauf ganz allein vor dem Feuer und versuchte mir das merkwürdige Ereignis zu erklären.

Nach einer Weile kam die Grille, kroch in das Haar des Büffelpelzes und läutete zufrieden vor sich hin.

«Wo ist Bruder Wolf?» fragte ich.

«Er liegt bei den Ringelblumen, um sich zu trocknen. Wir haben versucht, ihn mit etwas blauem Maismehl zu füttern, aber er will nichts essen.»

«Hast du eine Ahnung, was eigentlich los ist?»

«Schwester Schlange behauptet, daß Bruder Wolf zu der Zeit, als du bei den Totengeistern warst, oben in den Bergen den Teich des Großvaters des weißen Wassers entdeckt hat. Er war überzeugt, daß nun alles gut sein würde, denn das war der vierte Teich. Aber der Großvater des weißen Wassers hat ihn auch abgewiesen.»

«Er hat wieder keine richtigen Federn gehabt, stimmt's?»

«Anscheinend. Schwester Schlange sagt, er sei dann verzweifelt in den Bach gesprungen, weil er sich in den Nebel verwandeln wollte, der über dem Bach schwebt.»

«Und Büffelbruder hat das nicht zulassen wollen? Weißt du, warum?»

«Ich habe in der Adobewand gesessen und gehört, wie Büffelbruder dem Bruder Wolf gesagt hat, er müsse einfach noch eine Weile warten, bis noch etwas anderes geschehen würde.»

Die nächsten zwei Tage verbrachte ich damit, Bruder Wolf zu trösten, aber ohne Erfolg. Er lag bei den Ringelblumen mit halb verschlossenen Augen, fraß nichts und bewegte sich kaum. Eine Wanderdrossel kam, um ihn zu trösten, dann eine blaue Drossel aus dem Felsengebirge, ein rubinroter Kolibri und sogar eine mürrische Krähe, aber er tat, als sehe er sie gar nicht.

Es war am Nachmittag des dritten Tages, als unerwarteterweise der Bote aus dem trockenen Flußbett auftauchte. Ich war gerade dabei, Bruder Wolf wieder einmal dazu anzuregen, doch etwas zu sich zu nehmen.

«Samenträgerin», sagte der Bote ganz außer Atem, «du sollst zum großen Teich kommen. Die Holzgeister wollen dich sprechen. Und du sollst Bruder Wolf auch mitbringen.»

«Weißt du, was sie wollen?»

Der Bote schüttelte seinen von Schweiß glänzenden Kürbiskopf.

«Und wo ist der große Teich? Ich habe ihn nie finden können.»

«Das kam daher, weil du ihn nicht finden solltest. Jetzt bist du eingeladen. Flieg geradewegs nach Norden. Du wirst ihn schon sehen.»

Ich wollte gerne, daß Bruder Wolf sich an meinem Kleid festhielt, aber er wollte nicht. Also hob ich ihn auf, hielt ihn fest und flog gen Norden. Ich flog und flog. Es war sehr weit weg. Endlich sah ich den Teich. Der Bote hatte recht. Ich war schon bei dem Schimmernden Berg gewesen, aber diese grüne Insel in der Landschaft, die jetzt unter uns auftauchte, hatte ich nie zuvor gesehen. Ich ließ mich hinab, und siehe da, da war der große Teich, eingebettet in Trauerweiden und Ringelblumenbeeten.

Schüchtern trat ich an das Ufer. Und dann sah ich sie, die vier Holzgeister, Wasser tretend, alle gleich mit runden braunen gesichtslosen Masken.

«Tu Bruder Wolf auf die Erde», sagte einer der Holzgeister. Ich war erstaunt, wie freundlich seine Stimme klang.

Ich gehorchte. Da stand Bruder Wolf nun mit steifen Beinen und erwartete offensichtlich die endgültige Verurteilung.

Einer der Geister wand sich an Bruder Wolf und

sagte: «Wir können dich zulassen, wenn du uns gefällst, aber wir finden das immer noch schwer.» Er schüttelte den Kopf und fuhr fort: «Mit der Maske, die da an deinem Kopf klebt, siehst du wenig reizvoll aus.»

Regungslos stand Bruder Wolf da. Was sollte er schließlich tun? Dann hörte ich die Stimme des heiligen Windes: «Berühre ihn mit deiner Feder!» Plötzlich fiel mir ein, was die Grille mir über die Zauberkraft des Rennkuckucks erzählt hatte. «Er kann dich in alles, was du willst, verwandeln», hatte sie gesagt. Also zog ich die Feder des Rennkuckucks aus dem Haar, und, ohne auch nur ein Wort zu sagen, strich ich damit über sein Fell, entlang der dünnen schwarzen Linie zwischen seinen Ohren.

Was dann geschah, war wahrlich überwältigend. Bruder Wolf schüttelte sich, die Wolfsmaske verschwand, und an Stelle des Tieres stand ein kräftiger junger Mann mit langem schwarzem Haar, mit gesticktem Rock und dem mit Kaurimuscheln besetzten Riemen, wie diese Kleidung zum Tanz getragen wird. Kurz nickte er mir ein Danke zu, schüttelte sich noch einmal und verwandelte sich in eine Spule orangefarbenen Lichts, die auf die Holzgeister zuschwebte. Sie traten beiseite. Die glühende Spule sank unter die Oberfläche des Wassers und hinterließ einen blassen Schein.

Für einen kurzen Moment war alles still, so als ob all die Grashüpfer und Mücken, all die Mäuse und Vögel sich des wundersamen Augenblicks bewußt seien. Dann wandte sich einer der Holzgeister in meine Richtung und gab bekannt:

«Samenträgerin, die Ältesten haben beschlossen, daß du eintreten darfst, wenn du das wünschst, und unter dem Teich bleiben kannst.»

Diese Einladung und Aussicht war so verlockend, die Erfüllung aller meiner Wünsche, die ich während der Zeit meiner Verwandlung in ein Gespenst gehegt habe. Aber das war vor neununddreißig Tagen gewesen. In der Zwischenzeit hatte ich viel dazugelernt, über mich selbst, über diese unendlich weite, zauberhafte Wirklichkeit. Ich hatte mir meine Antwort wohl überlegt.

«Ich danke euch, ihr Holzgeister», sagte ich. «Bitte bestellt den Ältesten, daß ich für ihre Einladung äußerst dankbar bin. Vielleicht komme ich später einmal zu Besuch. Aber in der Zwischenzeit will ich den Büffelbruder bitten, ob er mir erlaubt, mich seinem Rudel anzuschließen.»

Der Teich versank, und ich stand in der Wüste, so einsam wie an jenem ersten Morgen, als ich angekommen war. Auf einmal fing das Land an zu vibrieren mit jener unvorstellbar großen Macht, was stets die Ankunft des Büffelbruders ankündigte. Dann war er da und hatte seine Trommel in der Hand. Er schaute mich fragend an, schlug daraufhin einen weichen Rhythmus auf der Trommel und begann zu singen:

> *Heya, heya, heya, ho*
> *Samenträgerin*
> *Auf dem Büffelfell*
> *Heya, heya, heya, ho*
> *Sie braucht nicht mehr zu warten.*

Davon, wie ich mich schließlich von einem Gespenst in einen Geist verwandelt habe, gibt es wenig zu erzählen. Büffelbruder und ich flogen in der Abenddämmerung nach Hause. Es war die Nacht vom Totensonntag, und als Vater Sonne sich hinter dem Hemi-Gebirge zur Ruhe begeben hatte, kamen die Geister an. «Was sie anzieht, sind die Ringelblumen», erklärte die Grille. Sie kamen in kleinen Gruppen an, manche erkannte ich wieder, Freunde, Verwandte. Meine Mutter kam mit meinem Bruder und meinem Vater. Sie hatten es eilig und blieben nicht zum Plaudern. Andere waren mir fremd, manche kamen in Riesenschwärmen wie Wandervögel im Herbst. Man konnte den Wind spüren, wenn sie vorbeiflogen.

Schlagartig waren sie aber alle fort, als Vater Sonne am nächsten Morgen hinter dem Berg des Steinernen Mannes aufwachte und seine tägliche Reise begann. Büffelbruder und ich standen auf dem Hügel, wo ich mein menschliches Gewand abgelegt hatte. «Wir müssen jetzt auch weg», sagte er. Avanyu, die Regenschlange, hatte einen dicken Nebelmantel in dem trockenen Flußbett ausgebreitet. Er fing an, sich zu heben, und reichte fast bis zur Hügelspitze. Als uns die ersten Strahlen der Sonne beschienen, konnten wir unsere Schatten auf dem Nebel sehen. Und ich sah, daß wir hohe, schlanke Kraftbündel waren. Wir trugen beide Büffelhörner, nur daß links neben meinen Hörnern das winzige Licht der Grille zitterte.

«Ich nehme an, daß du nun einen neuen Namen für dich gewählt hast, stimmt's?» fragte Büffelbruder.

«Ich bin jetzt die Büffelsamenfrau», sagte ich.

Und dann flogen wir weg.

Nachwort

Die hier berichtete Vision spielt sich in der anderen Wirklichkeit der Tewa ab, einer Gruppe von Indianern, die in Dörfern im nördlichen Neumexiko beheimatet sind. Wie bei allen indianischen Stämmen sind die religiösen Grundvorstellungen und das gesamte System von außerordentlicher Kompliziertheit, die die moderne Kulturanthropologie erst neuerdings zu ergründen beginnt. Für den Forscher liegt die Schwierigkeit nicht nur darin begründet, daß es sich um sogenannte «exotische», also nicht-indoeuropäische Sprachen handelt, in denen das religiöse Erleben berichtet wird, sondern vor allem darin, daß die Weltschau selbst sich grundsätzlich von der euro-amerikanischen Sicht unterscheidet. Für uns ist die Sprache mit ihren Symbolinhalten das Wesentliche, die endgültige Aussage. «Am Anfang war das Wort.» In jener nicht-europäischen Welt wird der Akzent völlig anders gesetzt:

«They view their words as the conduit for immortal facts about the way the world is. Through speech they have attempted to repeat and pass on what they have witnessed, never claiming it to be complete.» (Fienup-Riordan 1994:XV)*

---

* (Sie betrachten ihre Worte als die Leitung für unvergängliche Tatsachen über die Beschaffenheit der Welt. Sie haben versucht, über die Sprache das zu wiederholen und weiterzugeben, was sie erlebt haben, ohne je zu behaupten, daß das Zeugnis lückenlos sei.)

Jeder Stamm, möge er noch so klein sein, hat in diesem Sinne seine eigene Leitung. Was wir also im folgenden kurz über den Tod und das Erlebnis nach dem Tode bei den Puebloindianern anführen, mag «kindlich» klingen, weil es nämlich nicht die Sache «an sich» ist, sondern eine mangelhafte sprachliche Wiedergabe. Die Sache «an sich» ist die Vision.

Grundsätzlich voranstellen möchte ich, daß es in dieser Welt keinen Schöpfergott gibt. Der ist, wie Ortíz ausführt, «dem klassifikatorischen System der Tewa fremd» (1969:68). Es gibt auch keine Aufteilung der Welt in Gut und Böse. Das grundlegende ethische Prinzip ist statt dessen die in der Gemeinschaft als Handlungsgrundlage durchgesetzte Angemessenheit. Es gibt das Totenreich, aber nicht Himmel und Hölle.

Der Einzelne hat mehrere Seelen, die Anzahl ist je nach Stamm verschieden. Eine davon löst sich beim Sterben vom Körper und bricht auf zu dem Totenreich. Der Weg dahin kann kurz sein, die Zuni sprechen von nur vier Tagen (Cushing, 1978). Es kann nach anderen Berichten auch Hindernisse auf dem Weg geben, Schluchten, Berge, vielleicht gemäß dem Charakter des Verstorbenen, dann dauert die Wanderung länger. Solchen Toten wird bei den Tewa dann auch vorsorglich mehr Wegzehrung mitgegeben (Ortíz 1969:50). Die Yanomami aus Brasilien (Chagnon, 1968) befürchten auch, daß sie auf dem Weg von hungrigen Geistern entführt werden könnten. Auf der Wanderung werden sie außerdem von einem wichtigen Geist verhört, ob sie auch im Leben freigiebig gewesen seien. Da der Geist nicht allwissend ist, haben diejenigen, die diese Frage nicht mit gutem Gewissen mit Ja beantworten können, vor, ihn zur Vermeidung weiterer Probleme anzulügen.

Die Beschaffenheit des Totenreichs selbst ist sehr unterschiedlich. Bei den Tewa wird vom *Land unter dem Teich* gesprochen, andere Mythen erzählen von *Sandhügeln* oder nur von dem *Land weit im Westen.* Allgemein weiß man aber, daß die Toten dort so weiterleben, wie sie es im Leben auch getan haben, aber ohne Kummer oder Not. Sie sind auch freizügig, denn die Grenze zwischen den Wirklichkeiten ist brüchig und kann leicht überquert werden.

Für die Hinterbliebenen ist der Tod eines Angehörigen unmittelbar nach dem Verscheiden eine Zeit großer Besorgnis. Der Totengeist will in der Dorfgemeinschaft bleiben, aber seine Gegenwart ist gefährlich. Er könnte Krankheit bringen oder in seiner Einsamkeit sogar jemanden mitnehmen in den Tod. Es gibt ausführliche Rituale, die dem Totengeist sehr bestimmt klarmachen, daß er bei den Lebenden nichts mehr zu suchen habe.

Bei den Tewa wird ihm eine letzte Mahlzeit dargeboten, aber das Gefäß wird zerbrochen, und die Trauergäste entfernen sich rückwärts, damit er den Spuren nicht folgen kann. Später, wenn er sich schon in der Totenwelt zu Hause fühlt, wenn er also gewissermaßen zum Ahnen geworden ist, ist er den Lebenden nicht mehr gefährlich. In der Tat wird die Verbindung zwischen den Lebenden und den Ahnengeistern gewissenhaft gepflegt. Die Geister erhalten Speiseopfer und werden zu allen großen Festen eingeladen.

Aber den Lebenden ist der Zugang zu dem Reich der Toten untersagt. Es gibt eine Reihe von indianischen Sagen, die dieses Thema behandeln, und wie bei Orpheus und Euridice ist der Ausgang immer tragisch.

Die Totenseelen leben nach indianischer Vorstellung jedoch nicht ewig. Wenn niemand mehr da ist, der sich ihrer erinnert, geht auch ihre Existenz zu Ende. Sie verwandeln sich in Nebel, der zwischen den Bäumen schwebt, oder manche ziehen zu den Ahnen zum Polarstern. Sonst würde ja, wie das ein alter Maidu-Indianer Ruth Underhill erklärte, «die Welt des Jenseits zu sehr übervölkert werden, so wie das bei dieser Welt der Fall wäre, wenn der Kojote nicht den Tod gebracht hätte» (1965:66).

Glossar

Adobe	luftgetrockneter Ziegel
Ara	Papagei (Zentralamerika)
Arikara	indianischer Stamm
Arroyo(s)	vom Wasser in die Wüste eingeschnittener Graben, oft von beträchtlicher Tiefe
Avanyu	Regenschlange, puebloindianische Mythologie
Blitz	puebloindianisches Motiv
Frijoles Canyon	»Bohnenschlucht«, Bandelier National Park, New Mexico
Großvater des Blauen, Roten, Gelben, Weißen Wassers	Gestalt(en) aus der Mythologie der Tewa-Indianer
Heldenzwillinge	Gestalten der indianischen Mythologie
Kachina	Schutzgeister verschiedenen Ursprungs: Totengeist, Tiergeist, historische Gestalt, stets mit verhülltem Gesicht dargestellt

Kazike	geistliches Oberhaupt eines Pueblos
Kiowa	Indianerstamm
Kiva	heiliges Gebäude, in dem Rituale stattfinden
Kivastufen	puebloindianisches Motiv
Kopal	Harz
Kreosotbusch	botanisches Gewächs
Manta	Frauengewand, meist schwarz, für gewisse Tänze auch weiß, das die linke Schulter bloßläßt
Pima	Indianerstamm
Pueblo	Indianerdorf im Südwesten der USA
Puszta	Grasebene, Steppenlandschaft (ungar.)
Tablita	flacher, hoher, angemalter Kopfschmuck, wird von Frauen bei religiösen Tänzen getragen
Tewa	Indianersprache der Familie des Uto-Aztekisch-Tano, gesprochen in einer Anzahl von Pueblos in New Mexico
U Yum Coli	Großvater des Maisgartens, d. h. Geist (Maya-Sprache in Yukatan)
Yukatan	Maya-Siedlungsgebiet, ein Bundesstaat im Süden Mexikos

Literaturhinweise

Wolfgang Behringer, Chonrad Stoeckhlin und die Nachtschar. Eine Geschichte aus der frühen Neuzeit. Piper: München 1994.

Ruth Benedict, Tales of the Cochiti Indians. University of New Mexico Press: Albuquerque/USA 1981 (orig. 1931).

Maurice Boyd, Kiowa Voices II. Forth Worth: Texas Christian University Press: Lincoln/USA 1993.

Napoleon A. Chagnon, Yąnomamö. The Fierce People. Holt, Rinehard and Winston: New York/USA 1968.

Frank Hamilton Cushing, Zuñi. University of Nebraska Press: Lincoln/USA 1979.

Ders., Zuñi Folk Tales. University of Arizona Press: Tucson/USA 1968 (orig. 1930).

Ann Fienup-Riordan, Boundaries and Passages. Rule and Ritual in Yup'ik Eskimo Oral Tradition. University of Oklahoma Press: Norman/USA 1994.

Felicitas D. Goodman, Where the Spirits Ride the Wind. Trance Journeys and Other Ecstatic Experiences. Indiana University Press: Bloomington/USA 1990 (dt. Wo die Geister auf den Winden reiten. Trancereisen und ekstatische Erlebnisse. Bauer Verlag: Freiburg i. Br. 1989).

Dies., Trance – der uralte Weg zum religiösen Erleben. Rituelle Körperhaltungen und ekstatische Erlebnisse. Gütersloher Verlagshaus: Gütersloh 1992 (GTB 969).

Lee Irwin, The Dream Seekers. Native American Visionary Traditions of the Great Plains. University of Oklahoma Press: Norman/USA 1994.

James Kale McNeley, Holy Wind in Navajo Philosophy. University of Arizona Press: Tucson/USA 1981.

Alfonzo Ortíz, The Tewa World. University of Chicago Press: Chicago/USA 1969.

Elsie Clew Parsons, Tewa Tales. University of Arizona Press: Tucson/USA 1994 (orig. 1926).

Bryan Swan, Coming to the Light. Random House: New York/USA 1994.

Ruth Murry Underhill, Red Man's Religion. University of Chicago Press: Chicago/USA 1965.

Dies., Singing for Power. The Song Magic of the Papago Indians of Arizona. University of California Press: Berkeley/USA 1976.

Istet Woiche, The History of the Universe as Told by the Achumawi Indians of California. University of Arizona Press: Tucson/USA 1992 (Orig. 1928).

Paul G. Zolbrod, Diné bahané. The Navajo Creation Story. University of New Mexico Press: Albuquerque/USA 1984.